Oo
604

VIE

DE

SAINTE THÉRÈSE

écrite par elle-même,

PAR ORDRE DE SON CONFESSEUR,

TRADUITE DE L'ESPAGNOL

PAR M. ÉMILE DE LABÉDOLLIERRE.

PARIS,
L. CURMER, ÉDITEUR,
RUE DE RICHELIEU, 49, AU PREMIER.
1843

VIE
DE
SAINTE THÉRÈSE
de lle-même,

PAR ORDRE DE SES CONFESSEURS.

PAR M. EMILE DE ANDRÉ LAMBERT.

PARIS
L. GENAIN, ÉDITEUR,

1845

VIE DE SAINTE THÉRÈSE,

ÉCRITE PAR ELLE-MÊME.

Pourquoi sainte Thérèse entreprend ces mémoires. — Elle exprime le désir qu'ils servent à la glorification de Dieu.

n m'a enjoint, et donné pleine liberté de rendre compte de mon mode d'oraison, et des grâces que le Seigneur m'a accordées ; je désirerais qu'on m'eût autorisée également à révéler sans détour mes nombreux péchés et ma misérable vie. C'eût été pour moi une grande consolation ; mais loin de me commander de pareils aveux, on me les a presque formellement interdits. Je prie donc, au nom du Seigneur, ceux qui liront ce récit de ma vie, de songer qu'elle a été si coupable, que, parmi les saints convertis à Dieu, il n'en est pas un seul dont l'exemple me puisse consoler. Je remarque qu'à partir du moment où le Seigneur les a appelés à lui, ils ont cessé de l'offenser ; quant à moi, non-seulement je suis devenue de jour en jour plus imparfaite, mais encore j'ai paru mettre mes soins à résister aux grâces dont la Majesté divine me comblait ; et pourtant, si l'on sent l'obligation de servir avec plus de zèle, ne doit-on pas la remplir mieux que celui qui ne la comprend point ? Dieu soit béni à jamais d'avoir eu pour moi tant de longanimité ! Je le conjure, de tout mon cœur, de m'accorder la grâce d'écrire, avec la clarté et la vérité nécessaires, cette relation que mes confesseurs m'ont demandée. Si le Seigneur lui-même ne m'en avait depuis longtemps inspiré la pensée, je n'aurais pas eu le courage de l'entreprendre. Puisse-t-elle contribuer à sa glorification ! puissent mes confesseurs, mieux instruits désormais de ce qui me

concerne, venir en aide à ma fragilité, afin que je m'acquitte au moins d'une faible partie de mes devoirs envers le Seigneur, que toute la nature glorifie. Ainsi soit-il.

CHAPITRE I.

Comment le Seigneur inclina l'âme de sainte Thérèse à la vertu, dès ses plus jeunes années. — Caractère de ses parents. — Son éducation chrétienne. — Elle entreprend, avec un de ses frères, d'aller souffrir le martyre. — Elle bâtit un ermitage.

Les faveurs que je reçus de la bonté céleste, le bonheur d'avoir des parents vertueux et craignant Dieu, auraient suffi à mon salut, sans mon mauvais naturel. Mon père aimait à lire de bons livres, et il en avait en langue vulgaire pour les faire lire à ses enfants. Ma mère ne manquait point de nous faire prier, et de nous exhorter à être dévots à Notre-Dame et à quelques saints; et ces soins réunis disposèrent mon cœur à la vertu dès l'âge de six ou sept ans. J'y étais encouragée par les bons exemples que ne cessaient de me donner mes parents.

Mon père était un homme plein de charité pour les pauvres, de compassion pour les faibles; il traitait les domestiques avec bonté, et ne put jamais se décider à avoir des esclaves. Ayant une fois gardé chez lui une esclave appartenant à son frère, il en prit le même soin que de ses enfants, et regrettait amèrement qu'elle ne fût pas libre. Il était vrai et sincère; jamais on ne l'entendait jurer ni médire. La plus stricte probité déterminait toutes ses actions.

Ma mère avait aussi de nombreuses qualités, et une honnêteté irréprochable. Quoiqu'elle fût d'une assez grande beauté, elle n'eut jamais l'air d'y attacher du prix; elle n'avait que trente-trois ans lorsqu'elle mourut, mais elle menait la conduite d'une personne d'un âge plus avancé. Son humeur était égale, et son intelligence développée. Elle fut toute sa vie en proie à de douloureuses infirmités, et les supporta avec une résignation toute chrétienne.

Nous étions trois filles et neuf garçons; tous, par la bonté de Dieu, égalèrent les vertus de leurs parents, excepté moi, qui étais cependant la bien-aimée de mon père.

Avant de commencer à offenser Dieu, je semblais être douée d'un sens droit. Je songe aux bonnes inclinations que le Seigneur m'avait données, et au mauvais parti que j'en ai tiré, avec d'autant plus de douleur, que mes frères n'étaient nullement capables de me détourner du service de Dieu.

Quoique j'eusse pour tous une tendresse qu'ils me rendaient, il y en avait un, à peu près de mon âge, que je préférais aux autres, et avec lequel je lisais les *Vies des Saints*. En voyant le martyre que les pieux confesseurs avaient souffert, il me semblait qu'ils avaient acheté bon marché le bonheur de jouir de la vue du Seigneur, et je désirais vivement mourir ainsi, non par amour de Dieu, mais pour acquérir promptement l'ineffable félicité dont mes livres faisaient mention. Je cherchai avec mon frère les moyens d'arriver à la possession des biens éternels, et nous résolûmes d'aller chez les Maures afin d'y avoir la tête tranchée. Malgré notre jeune âge, nous sentions en nous la force d'accomplir un pareil dessein, à l'exécution duquel nous ne trouvions qu'un obstacle : la volonté de nos parents. Nous étions frappés de stupeur en lisant dans nos livres, que la gloire et les peines étaient également éternelles. Il nous arrivait souvent d'en conférer ensemble, et nous répétions à plusieurs reprises : « Éternité ! éternité ! éternité ! » En même temps que nous prononcions ces mots, Dieu daignait tracer dans notre jeune âme le chemin de la vérité.

Quand nous vîmes qu'il nous était impossible de nous faire immoler pour la sainte cause, nous formâmes le projet d'être ermites; nous essayâmes de construire des ermitages dans le jardin attenant à la maison; mais les pierres accumulées tombèrent, et notre projet n'eut pas de suites. Je sens aujourd'hui un redoublement de dévotion, quand je vois combien Dieu me donnait dès lors de bonnes pensées, dont j'ai perdu le fruit par ma faute.

Je faisais l'aumône comme je pouvais, et je ne pouvais guère. Je cherchais souvent la solitude pour prier avec ferveur; la prière favorite de ma mère était le rosaire, et elle nous avait fait partager cette prédilection. Lorsque j'étais en compagnie d'autres enfants, mon grand plaisir était de faire des monastères, comme si nous eussions été des religieuses. Il me semblait désirer la vie claustrale, mais non pas avec autant d'ardeur que le martyre, ou la vie des Pères du désert.

Je touchais à ma douzième année, lorsque ma mère mourut. Comme je commençais à comprendre la perte que j'avais faite, je m'en fus, tout affligée, aux pieds d'une image de Notre-Dame, et la suppliai d'être ma mère, en versant des larmes abondantes. Cette action toute simple ranima mes forces, et il m'est évidemment démontré que cette Vierge reine m'a secourue, toutes les fois que je me suis recommandée à elle.

C'est pour moi un long sujet de peines, de voir que je ne suis pas restée fidèle aux bons penchants qui se développaient en moi. O mon Dieu ! puisque vous avez résolu de me sauver (plaise à votre souveraine bonté qu'il en soit ainsi !), puisque vous m'avez prodigué tant de grâces, n'eût-il pas fallu, non pour mon avantage, mais pour votre gloire, que j'évitasse de souiller cette demeure, où vous vouliez habiter ! Je me reproche d'autant plus amèrement mes fautes, qu'elles sont entièrement mon œuvre, et que, dès cet âge, rien ne m'empêchait d'être toute à vous. Si je veux me plaindre de mes parents, je suis obligée de reconnaître qu'ils n'avaient que des vertus, et le désir de m'en voir acquérir.

Je commençais à être d'âge à m'apercevoir des avantages naturels que le Seigneur m'avait accordés ; je les entendais prôner outre mesure ; mais au lieu d'en remercier le Ciel, je ne m'en servis que pour l'offenser, comme je le dirai ci-dessous.

CHAPITRE III.

Goût de la mère de sainte Thérèse pour les romans. — Sainte Thérèse en lit à l'insu de son père. — Elle s'accuse d'avoir aimé la parure. — Ses conversations avec ses cousins. — Réflexions à ce sujet. — Ses relations avec une de ses parentes lui sont funestes. — Danger des mauvaises liaisons. — Elle est mise en pension dans un couvent. — Comment les religieuses l'accueillent.

Je crois que l'événement dont je vais parler commença ma perte. Il me fait réfléchir quelquefois au tort qu'ont les parents de ne pas écarter de leurs enfants toute espèce de mauvais exemples ; car, malgré les hautes qualités de ma mère, sitôt que j'eus l'usage de toute ma raison, je fus moins frappée de ses vertus, que de ce qu'elle avait de défectueux. Elle aimait les romans de chevalerie, goût qui eut une influence moins funeste pour elle que pour moi. Le temps qu'elle y consacrait ne l'empêchait pas de vaquer aux soins domestiques ; et peut-être, en lisant des romans, n'avait-elle pour but que de se distraire de ses vives souffrances, et détourner ses enfants de plus dangereuses occupations.

Ce penchant de ma mère était si désagréable à mon père, que l'on prenait des précautions pour le lui cacher. Je contractai bientôt l'habitude de lire des romans, et le défaut dont elle me donnait l'exemple, en me faisant enfreindre mes bonnes résolutions, m'entraîna à de plus graves erreurs. Je crus pouvoir, sans péché, perdre de longues heures du jour et de la nuit, à l'insu de mon père, à ce frivole passe-temps. Il avait tant d'attraits pour moi, que je cherchais sans cesse à me procurer de nouveaux romans.

Bientôt j'aimai la toilette, et désirai paraître bien ; je soignai mes mains, ma coiffure ; je prodiguai les parfums et toutes les vanités que je pus avoir à ma disposition. Je n'attachais à cela aucune mauvaise intention, ne souhaitant pas que personne offensât Dieu pour moi. Durant plusieurs années, j'apportai dans ma parure une recherche excessive, sans me considérer comme répréhensible ; ce n'est qu'aujourd'hui que je reconnais la grandeur de mes torts.

Mon père, dans sa prudence, ne recevait chez lui d'autres parents que quelques-uns de mes cousins germains ; plût à Dieu qu'il leur eût aussi défendu sa porte ! car je vois maintenant à quel point il est dangereux, dans l'âge où l'on doit se former aux vertus, de fréquenter des personnes qui, loin d'apprécier la vanité du monde, en éveillent en nous le désir. Ils étaient un peu plus âgés que moi ; nous étions toujours ensemble ; ils me témoignaient une vive affection ; je soutenais la conversation sur tous les sujets qui leur plaisaient ; j'entendais parler du succès de leurs inclinations, de leurs coupables folies, et, qui pis est, mon âme allait au-devant de ce qui pouvait la perdre.

Si j'avais un conseil à donner, je recommanderais aux parents de surveiller de près les personnes que voient leurs enfants, car notre naturel nous porte malheureusement plus au vice qu'à la vertu.

Ainsi, j'avais une sœur beaucoup plus âgée que moi, et dont je n'imitai ni l'honnêteté, ni la bonté, et je pris, au contraire, les défauts d'une parente, qui venait très-souvent à la maison. Elle menait une conduite si légère, que ma mère fit tous ses efforts pour l'empêcher de me rendre des visites, sans doute parce qu'elle en prévoyait les funestes résultats ; mais cette parente avait de si fréquentes occasions de se présenter chez nous, qu'on ne put réussir à l'éloigner. J'éprouvais pour elle une tendre sympathie ; je m'entretenais avec elle d'autant plus volontiers, qu'elle se prêtait à toutes mes idées de divertissement, les favorisait avec complaisance, et me faisait part de ses frivoles occupations.

Je la fréquentai jusqu'à l'âge de quatorze ans ; c'était, je le pense, uniquement par amitié pour moi qu'elle me rendait compte de ses plaisirs, et il me semble que, durant cet intervalle, je ne commis point de péché mortel. La crainte de Dieu était au contraire renforcée en moi par le respect humain. Rien ne me semblait capable de m'y faire renoncer, ni égard pour les choses du monde, ni considération pour les personnes.

Mon caractère me portait donc à ne rien faire de contraire à l'honneur de Dieu, afin de conserver, en même temps, l'honneur du monde, et je ne m'apercevais pas que je le perdais sous plus d'un rapport. Je tenais extrêmement à ma réputation, mais je n'employais aucun des moyens nécessaires pour la garder, malgré la grande attention que j'apportais à ne pas me compromettre.

Mon père et ma sœur voyaient avec peine mes liaisons avec ma parente, et m'en faisaient souvent des reproches. Comme ils ne pouvaient la chasser formellement, mon avidité pour le mal rendait leurs représentations inutiles.

Le danger des mauvaises sociétés m'épouvante, lorsque j'y réfléchis ; je n'en sentais pas toute la gravité avant de l'avoir connu, et c'est surtout dans le jeune âge qu'elles doivent nous être fatales. Puisse mon exemple donner l'éveil aux parents ! Cette liaison me changea au point qu'il ne resta plus de traces de mes vertueuses inclinations ; ma parente et une autre jeune fille, sa compagne de plaisirs, me firent partager leurs goûts. Ce qui m'arriva me montre en même temps combien il est utile de se lier avec des gens de bien ; si je n'avais vu, à cette époque, que des personnes honnêtes, je ne me serais jamais, j'en suis convaincue, écartée du droit chemin. Si mes amies n'avaient songé qu'à m'apprendre à craindre Dieu, mon âme eût pris assez de force pour ne pas déchoir. Quand cette crainte m'eut abandonnée, je ne fus plus retenue que par celle de manquer à l'honneur, crainte qui me préoccupait sans cesse; mais je m'abandonnai à des actions également coupables aux yeux du monde et de Dieu, avec l'idée qu'elles demeureraient secrètes.

Voilà, je crois, la première cause de mes erreurs, et je ne dois les attribuer qu'à moi seule; car, toute disposée à me laisser entraîner au mal, j'y étais encore poussée par les perfides conseils des servantes; si l'une d'elles m'en avait donné de bons, je les aurais peut-être suivis; mais nous étions aveuglées, elles par l'intérêt, moi par mes caprices. Cependant, loin d'être foncièrement vicieuse, j'ai toujours eu naturellement de l'horreur pour les choses déshonnêtes, cherchant seulement par distraction les entretiens agréables; mais l'occasion m'exposait au danger. Je ne pus tenir ma conduite assez secrète, pour conserver ma réputation intacte, et éviter les soupçons de mon père; toutefois, ni lui ni mes frères ne m'adressèrent d'observations; Dieu me garantit de leur colère; et si je ne me perdis pas entièrement, ce fut évidemment contre ma propre volonté.

J'avais passé trois mois dans ces vanités, quand on me plaça dans un couvent d'Avila, où l'on élevait des personnes de ma condition, mais de mœurs plus pures que les miennes. Mon départ s'effectua si mystérieusement, qu'un de mes parents en fut seul instruit. On profita du mariage de ma sœur pour m'éloigner sans bruit, sous prétexte qu'il n'était pas convenable que je restasse seule à la maison.

Mon père m'aimait si passionnément, et ma dissimulation était si grande, qu'il s'abusait sur le véritable état de mon cœur, et m'avait par conséquent conservé ses bonnes grâces. Comme mes relations avec ma parente avaient été de peu de durée, s'il en avait appris quelque chose, il ne savait rien de positif à cet égard. Le soin de ma réputation m'avait d'ailleurs engagée à prendre toutes sortes de précautions pour tenir mes égarements cachés, et je ne songeais pas qu'ils ne pouvaient l'être aux yeux de celui qui voit tout. O mon Dieu! combien de maux viennent en ce monde, de ce qu'on n'est point pénétré de cette vérité, de ce qu'on s'imagine pouvoir dissimuler les choses qui vous offensent! Certes, nous nous épargnerions de grandes fautes, si nous comprenions qu'il ne s'agit pas de nous garder des hommes, mais d'éviter d'attirer sur nous votre mécontentement.

Les premiers huit jours me parurent pénibles, moins par l'ennui de ma réclusion, que par la crainte qu'on ait entendu parler de mes erreurs. Au reste, je m'étais déjà condamnée moi-même; je n'avais pas cessé de craindre Dieu quand je l'offensais, et de chercher les secours de la confession: désormais affranchie de mon agitation intérieure, je me trouvai au bout de huit jours, et même plus tôt, plus heureuse que chez mon père. Je me conciliai la sympathie des religieuses, car le Seigneur me faisait la grâce de réussir auprès de tous ceux que je désirais satisfaire. Quoique je n'eusse aucune envie de me consacrer à la vie monastique, je prenais plaisir à voir des religieuses si bonnes, si pieuses, si modestes, si réservées.

Le malin esprit ne manqua point néanmoins de me tenter, et des personnes du dehors me firent parvenir des messages capables de troubler ma tranquillité ; mais ces relations étaient si difficiles à établir, qu'elles furent bientôt interrompues. Mon âme revint aux bons sentiments de ma première enfance, et je vis combien est infinie la grâce que Dieu nous accorde en nous faisant vivre avec des personnes vertueuses. On eût dit que le Tout-Puissant cherchait incessamment tous les moyens de m'attirer à lui. Soyez béni, Seigneur, d'avoir eu pour moi tant de miséricorde !

La seule chose qui semble m'excuser dans ma conduite, c'est qu'elle pouvait amener un mariage honorable, et que mon confesseur, et d'autres personnes que j'avais consultées, ne m'avaient pas considérée comme coupable envers Dieu.

Dans la chambre des pensionnaires où j'étais, couchait une religieuse dont le Seigneur voulut se servir pour commencer à m'ouvrir les yeux.

CHAPITRE IV.

Comment les bons conseils contribuèrent à diriger sainte Thérèse vers la vie religieuse, et à lui faire entrevoir la grandeur de ses fautes.

Je ne tardai pas à goûter les sages et saintes conversations de cette excellente religieuse, et prenais plaisir à entendre avec quelle élévation elle parlait de Dieu, sans jamais me lasser de ses entretiens. Elle me racontait comment elle s'était décidée à prendre le voile, à la seule lecture de ces paroles de l'Évangile : « Il y a beaucoup d'appelés, et peu d'élus. » Elle me disait la récompense que donne le Seigneur à ceux qui renoncent à tout pour lui. Cette bonne société déracina invinciblement dans mon cœur les penchants qu'y avait fait germer la mauvaise, tourna mes regards du côté des choses éternelles, et diminua la profonde aversion que m'inspirait l'état monastique. Quand je voyais quelque sœur verser des larmes en priant, ou donner d'autres signes de ferveur, je lui portais envie et me sentais pleine d'affliction, car mon cœur était tellement endurci, que j'aurais lu d'un œil sec toute la passion de Jésus-Christ.

Au bout d'un an et demi de séjour en ce monastère, j'étais presque complétement régénérée. Je faisais souvent des prières à haute voix, en invitant les sœurs à me recommander à Dieu, afin qu'il m'éclairât sur les moyens de le servir. Cependant je n'avais aucun désir d'être religieuse, et souhaitais que Dieu ne m'en fît pas une loi; d'un autre côté, j'appréhendais de m'établir. Mais à l'expiration des dix-huit mois, je me sentis plus disposée à être religieuse, dans un autre couvent toutefois, car les austérités dont j'étais témoin en celui-ci me paraissaient excessives, e t plu sieurs jeunes religieuses partageaient mon opinion, que j'aurais promptement abandonnée, si j'avais été seule à la soutenir. En outre, j'avais une intime amie dans un autre monastère, et, si je devais prononcer des vœux, je voulais du moins être près d'elle; j'avais donc plutôt en vue la satisfaction de mes penchants personnels que le bien de mon âme. Les bonnes pensées qui m'entraînaient vers la vie monastique me venaient de temps en temps, et me quittaient ensuite, sans qu'il me fût possible de prendre un parti.

A cette époque, sans toutefois que je négligeasse le soin de mon salut, le Seigneur veillait bien plus attentivement que moi à me disposer à l'état qui me convenait le mieux. Il me donna une grande maladie, qui m'obligea de retourner à la maison paternelle. Pendant ma convalescence, on me conduisit chez ma sœur, qui demeurait à la campagne. Elle avait pour moi une tendresse extrême, et eut vivement désiré me garder auprès d'elle. Son mari m'aimait aussi beaucoup; du moins, il n'épargnait rien pour m'être agréable. Telle que j'étais, je me conciliais l'affection de tous, et j'en dois rendre grâces à Dieu.

Je vis en route un frère de mon père, homme sage et de grandes vertus. Il était veuf, et le Seigneur travaillait à l'attirer à lui; car, dans un âge plus avancé, mon oncle se fit religieux, et mérita, je crois, sur la fin de sa vie, d'être au nombre des élus. Il me pria de passer quelques jours auprès de lui. Il aimait à lire de bons livres en espagnol, me les faisait lire, et sa conversation roulait ordinairement sur Dieu et la vanité du monde. J'eus l'air de prendre plaisir à ses lectures, qui m'étaient au fond peu agréables.

J'ai toujours poussé à l'extrême le soin de contenter les autres, quelque peine qu'il m'en coûtât, au point que la complaisance, qui est généralement une vertu, est devenue chez moi un grand défaut. De quels moyens vous serviez-vous, ô mon Dieu! pour m'obliger à me contraindre, pour me disposer à l'état dans lequel je devais vous servir! Soyez-en béni à jamais!

Malgré la courte résidence que je fis chez mon oncle, la bonne compagnie, les paroles de Dieu qui étaient l'objet de mes lectures et de mes entretiens, eurent une puissante influence sur mon cœur. Je compris des vérités que j'avais pressenties dès l'enfance: le néant de toutes choses, la vanité du monde et sa durée passagère. Je craignis les peines éternelles, dans le cas d'une mort prochaine, et, sans achever de me résoudre à l'état monastique, je reconnus qu'il était pour moi le meilleur et le plus solide, et me déterminai peu à peu à l'embrasser.

Trois mois se passèrent en combats; je me représentais, pour vaincre ma répugnance, que les peines de la vie religieuse ne pouvaient être plus grandes que celles du purgatoire; et qu'après avoir mérité la damnation, il ne coûtait pas de vivre comme si j'eusse été en purgatoire, pour aller ensuite au ciel, auquel j'aspirais. Dans tous ces mouvements, j'étais dirigée plutôt par une crainte servile que par l'amour.

Le mauvais esprit me soufflait la pensée, qu'accoutumée à une vie douce, je serais incapable de supporter les austérités de la religion; j'y opposais les souffrances de Jésus-Christ, pour lequel je devais bien souffrir aussi quelque chose. Autant que je puis me le rappeler, je comptais sur son appui, ce qui ne m'empêchait point d'être en proie aux tourments de la tentation.

Ma santé ne se rétablissait point; j'avais la fièvre et de grandes faiblesses; mais le goût que je prenais aux bons livres me donnait la vie. Je lus les épîtres de saint Jérôme, qui me soutinrent dans mes résolutions; de sorte que je me décidai à parler à mon père : démarche qui équivalait à prendre l'habit; car mes sentiments d'honneur me faisaient une loi de ne jamais renoncer à une intention que j'avais une fois manifestée.

Mon père m'aimait tant, que je ne pus rien obtenir de lui, ni par moi-même ni par l'intermédiaire des personnes que je mis en avant. Il déclara seulement qu'il me laissait libre d'agir après sa mort comme je l'entendrais. J'appréhendais de changer par faiblesse, et, pour éviter un retard funeste, j'adoptai le parti suivant.

CHAPITRE V.

Comment le Seigneur donna à sainte Thérèse la force de prendre le voile.
Sa nouvelle maladie.

Pendant que j'étais en ces pensées, j'avais persuadé à l'un de mes frères de se faire religieux, en lui montrant le néant des choses d'ici-bas. Nous convînmes un jour d'aller ensemble, de grand matin, au couvent où demeurait l'amie pour laquelle je me sentais le plus d'affection. Comme mon parti était pris irrévocablement, j'aurais choisi tout autre monastère, si j'avais pu y servir Dieu avec plus de ferveur, ou que mon père l'ait désiré. Je songeais déjà moins à mon agrément qu'à mon salut.

Si j'avais été sur le point de mourir, je n'aurais pas été plus abattue que je le fus au moment où je quittai la maison paternelle; j'en suis fermement persuadée. Mes os semblaient se disjoindre, l'amour de Dieu qui m'animait n'avait pas assez de force pour me faire oublier l'affection que je portais à mon père et à mes parents, et elle était si vive, qu'il m'eût été impossible de persister dans ma résolution sans le secours du Seigneur; heureusement qu'il soutint mon esprit chancelant et me donna le courage d'accomplir mon projet. Quand je pris l'habit, Dieu me fit voir combien il favorise ceux qui se font violence pour le servir, mais personne ne devina ce qui se passait dans mon âme, et l'on crut que j'agissais avec un entier abandon. Une fois revêtue du saint habit, j'éprouvai une joie qui ne s'est jamais démentie; Dieu changea la sécheresse de mon âme en une très-vive sensibilité, il me fit prendre plaisir à toutes les occupations du couvent; j'employais quelquefois à balayer des heures que j'avais eu coutume de consacrer à mes frivoles divertissements, et l'idée que j'étais affranchie de la vie mondaine me donnait une satisfaction nouvelle dont j'étais surprise et dont je ne pouvais me rendre compte. Dans les instants où je me souviens de cette époque, je n'hésiterais pas à entreprendre les choses même les plus difficiles quand l'amour de Dieu est l'unique mobile de nos actions, quand il en a d'abord inspiré la pensée, quand il en a multiplié les difficultés pour rendre nos mérites plus grands et notre récompense plus douce ; il a des moyens de nous en payer le prix dès cette vie, par une joie compréhensible à ceux-là seuls qui la ressentent. Je le sais par de nombreuses et importantes expériences ; aussi ne conseillerais-je jamais, si j'étais capable de donner un conseil, de repousser par la crainte d'un échec, une bonne inspiration qui se représente à plusieurs reprises ; on aurait tort d'appréhender de ne pas l'accomplir, si elle n'a d'autre but que Dieu, auquel rien n'est impossible.

O mon souverain bien, ô ma consolation, je devais être suffisamment encouragée à vous servir, par la grâce que votre toute-puissante bonté m'avait faite en m'amenant par tant de détours à un état aussi sûr, et dans une maison où les bons exemples ne me manquaient pas! Je ne sais comment j'aurai le courage de poursuivre, quand je me rappelle les particularités de ma prise de voile, la résolution inébranlable, la joie sincère avec laquelle j'accomplis cet acte important, et la qualité d'épouse dont vous daignâtes m'honorer! Je n'en puis parler sans verser des larmes ; mais ce devraient être des larmes de sang, et mon cœur devrait se briser, car les offenses dont je me suis rendue coupable depuis, témoignent de la faiblesse de mes sentiments. Je reconnais aujourd'hui que j'avais eu raison de ne pas aspirer d'abord à une aussi haute dignité, puisque j'en ai fait mauvais usage. Quoi qu'il en soit, vous avez toléré, mon Dieu, vingt années de fautes, afin de me rendre meilleure. Je me suis conduite comme si je m'étais promis à moi-même de ne pas tenir les promesses que je vous avais faites ; mes intentions n'étaient pas sans doute de vous outrager à l'époque où j'embrassai la vie religieuse; mais puis-je savoir à quoi m'en tenir à leur sujet, quand je considère mes œuvres ultérieures, qui achèvent de me montrer ce que vous êtes, ô mon saint époux, et ce que je suis moi-même? Le souvenir de mes fautes est moins amer pour moi, grâce à la satisfaction que j'éprouve d'avoir acquis la connaissance de vos miséricordes infinies. En qui, Seigneur, éclatent-elles plus qu'en moi, qui ai obscurci par tant de mauvaises actions les grandes faveurs dont vous m'aviez comblée? Je n'accuse que moi, ô mon Créateur! je cherche des moyens de me disculper, sans en trouver aucun; je n'avais, pour remédier à mes fautes, qu'à vous consacrer mon âme tout entière, qu'à vous payer de l'amour que vous aviez commencé à me montrer; mais puisque j'ai eu le malheur de m'en rendre indigne, mon seul refuge est dans votre clémence!

Le changement de vie et de régime altéra ma santé, quoique je fusse très-satisfaite, sans toutefois l'être assez, de ma nouvelle condition. Mes défaillances augmentèrent, et de violents maux de cœur, se joignant à mes autres souffrances, alarmèrent tous ceux qui m'entouraient. Je passai ainsi la première année dans un état continuel de maladie, et pendant ce temps je ne pense pas avoir offensé Dieu. Mes douleurs étaient si vives, que j'avais presque perdu l'usage de mes sens, et que j'étais parfois entièrement privée de connaissance.

Mon père essaya de tous les remèdes possibles; et, voyant que les médecins du pays ne parvenaient pas à me guérir, il me fit transporter dans une ville dont les docteurs avaient une grande réputation pour la cure de toutes les maladies, et déclarèrent pouvoir mettre un terme à la mienne.

On ne faisait pas vœu de clôture dans mon couvent, et mon amie, dont j'ai déjà parlé, put m'accompagner. Je passai environ un an dans ma nouvelle demeure, et, pendant trois mois, les médicaments qu'on me fit prendre me causèrent de si vives souffrances, que je ne sais comme je pus les supporter, car il serait au-dessus de mes forces de les endurer aujourd'hui.

J'avais quitté le couvent à l'entrée de l'hiver, et mon traitement devait commencer au printemps. En attendant le mois d'avril, afin de ne pas me fatiguer par des voyages continuels, je m'établis dans la maison d'une de mes sœurs qui demeurait à la campagne, près de l'endroit où j'allais être mise entre les mains des médecins. En me rendant chez ma sœur, je visitai celui de mes oncles que j'ai fait connaître, et il me donna un livre intitulé le *Troisième abécédaire*, qui traitait de l'oraison de recueillement. Depuis un an je ne lisais que de bons livres; j'avais entièrement renoncé aux autres, dont je connaissais le danger par expérience, mais je ne savais comment me recueillir et régler mes oraisons. Cet ouvrage me fut donc très-utile, et je résolus de suivre de toutes mes forces le chemin qu'il me traçait. Comme le Seigneur m'avait déjà accordé le don des larmes, je méditai mon livre avec ardeur; j'en écoutai les leçons, et commençai à aimer la retraite, et à me confesser souvent. Je n'avais pas alors de directeur, et j'en manquais encore vingt ans après cette époque; de sorte que, dénuée de conseils, je suis souvent retournée en arrière, et ai failli me perdre, faute d'un guide, qui m'aidât à éviter les occasions d'offenser Dieu.

Le Tout-Puissant favorisa tellement mes premiers essais, qu'à la fin des neuf mois que je passai chez ma sœur, je prenais soin d'éviter tout péché mortel, et plût à Dieu que j'eusse persisté! Les grandes précautions que mon livre indiquait me semblaient cependant impossibles; je ne m'abstenais pas d'offenser autant qu'il le recommandait, et m'inquiétais malheureusement peu des péchés véniels.

Le Seigneur affermit mes pas dans le sentier où je marchais; il me fit la grâce de me donner l'oraison de quiétude, et je m'élevais quelquefois à celle d'union, sans pourtant comprendre ni l'une ni l'autre, et sans en apprécier la valeur. Cette oraison d'union avait à peine, je crois, la durée d'un *Ave Maria*, mais elle produisait de grands effets, quoique je n'eusse pas alors vingt ans; en la répétant, il me semblait fouler aux pieds le monde, et j'avais pitié de ceux qui en suivent les voies, même dans les choses permises. Ma manière d'oraison consistait à tenir le plus possible Jésus-Christ, notre bien et Seigneur, présent à mon âme. Quand je pensais à quelqu'une de ses actions, je me la figurais intérieurement, et prenais surtout plaisir à lire de bons livres, c'était même ma seule distraction, car Dieu ne m'a donné ni l'entendement nécessaire ni une vive imagination; la mienne était même si obtuse, que je m'efforçais, sans succès, de concevoir et de me représenter l'humanité de Jésus-Christ.

L'absence de ces deux qualités n'empêche pas d'arriver promptement à la contemplation, si l'on persévère; mais on y parvient très-péniblement. La volonté n'étant point énergiquement occupée, l'amour n'ayant point d'objet présent qui le captive, l'âme demeure comme sans appui, en proie aux tourments que causent la solitude, la richesse, et de violents combats contre l'inconstance des pensées. Les personnes dénuées d'imagination et d'entendement ont besoin d'une plus grande pureté de conscience que les autres; celles-ci se peignent avec vivacité ce qu'est le monde, ce qu'elles doivent à Dieu, ce qu'il a souffert pour nous, le peu que nous faisons pour lui, les faveurs dont il comble ses serviteurs dévoués; elles en tirent des enseignements capables de les protéger contre les pensées, les occasions, les périls. Les gens moins éclairés sont plus exposés, et il leur faut puiser dans les lectures une force qu'ils ne trouveraient pas en eux-mêmes. La lecture leur est nécessaire, les aide à se recueillir, leur tient lieu d'oraison mentale; et si leur directeur voulait leur interdire le secours, en leur recommandant toutefois de rester longtemps en oraison, je dis qu'il leur serait impossible d'y résister, et que leur santé souffrirait de ce pénible exercice.

Il entra dans les desseins du Seigneur de ne me faire rencontrer aucun directeur; car, si l'on avait exigé de moi des prières qui ne fussent pas précédées de lectures, je n'aurais pu soutenir, durant dix-huit ans, les fatigues de l'oraison. Je n'osais jamais, excepté lorsque je venais de communier, commencer à prier avant d'avoir lu; mon âme redoutait l'oraison sans lecture préalable, comme une lutte terrible et inégale. Les livres étaient pour moi un remède, un auxiliaire, une consolation, un bouclier qui apaisait les attaques réitérées des distractions; j'étais sûre, dès qu'ils me manquaient, d'éprouver une sécheresse inaccoutumée, de sentir du désordre dans mon âme, et de l'égarement dans mes pensées. Avec eux, au contraire, je me recueillais, et mon âme était doucement entraînée. Souvent même il me suffisait d'ouvrir un livre, pour n'en avoir plus besoin ; tantôt je lisais peu, tantôt beaucoup, selon la grâce que le Seigneur me faisait.

Dans ces commencements solitaire, et assidue à la lecture, il me semblait n'avoir à craindre aucuns périls, et lesquels auraient pu m'atteindre en effet avec la protection de Dieu, si j'avais eu un directeur, ou toute autre personne, pour me recommander de fuir l'occasion du péché, pour me relever de mes chutes passagères. Quand même le malin esprit m'eût alors attaqué ouvertement, je crois que rien au monde ne m'eût portée à des fautes graves ; mais il était si artificieux et j'avais tant de perversité naturelle, que mes bonnes résolutions m'étaient peu utiles ; leur seul avantage fut d'accroître là ma patience contre les cruelles douleurs de ma maladie. J'ai souvent pensé à la bonté infinie de Dieu, dont la grâce me soutint dans les souffrances, et me suis applaudie de voir sa grandeur et sa miséricorde. Qu'il soit béni de m'avoir montré clairement que je n'ai pas formé de bons desseins, sans en être récompensée dès cette vie ! Malgré l'imperfection de mes œuvres, le Seigneur leur donnait de la valeur, les faisait ressortir, et amoindrissait mes mauvaises actions et mes péchés. Sa Toute-Puissance permettait que celles-ci fussent dissimulées aux yeux de ceux qui en étaient témoins, et rapidement effacées de leur mémoire ; en même temps qu'il cachait les fautes, il mettait en relief chaque vertu qu'il m'accordait, comme pour me forcer à la conserver.

Mais je veux revenir au but qu'on m'a indiqué. J'ajouterai que, si je ne détaillais la manière dont Dieu m'a traitée dans ces commencements, j'aurais besoin d'une autre intelligence que la mienne pour faire comprendre l'étendue de mes obligations envers lui, et celle d'une ingratitude qui m'a fait tout oublier. Qu'il soit béni à jamais de l'avoir soufferte ! Ainsi soit-il !

CHAPITRE VI.

Continuation des grandes souffrances de Sainte Thérèse ; patience que le Seigneur lui donna pour les supporter ; biens qui résultent des maux démontrés par une aventure qui lui arriva dans le lieu où elle était en traitement.

J'ai oublié de dire les inquiétudes qui m'assaillirent durant l'année de mon noviciat ; elles provenaient simplement de ce qu'on m'accusait souvent sans motifs valables ; mais, malgré la peine que me faisaient d'injustes reproches, ils étaient tempérés par le bonheur d'être religieuse. Comme j'aimais à chercher la solitude, à pleurer de temps en temps mes péchés, on me croyait mécontente, et on le disait. J'étais attachée à tous les exercices de mon état, mais je ne pouvais tolérer l'apparence même du mépris. Je tenais à être estimée; j'exerçais sur moi-même, en toutes mes actions, une surveillance attentive; mais je ne puis alléguer ces dispositions comme atténuation de mes fautes, car je savais qu'en m'étudiant à la vertu, je ne cherchais que ma satisfaction personnelle. L'état imparfait du monastère est peut-être une excuse plus valable; ce que ses règles avaient de défectueux faisait plus d'impression sur moi que son bon côté.

Il y avait alors une religieuse atteinte d'une douloureuse maladie dont elle mourut en peu de temps; toutes nos compagnes fuyaient l'approche de cette pauvre femme, dont le ventre était couvert de plaies hideuses; quant à moi, j'enviais sa patience, et demandais à Dieu de me l'accorder, même au prix de pareilles souffrances. Rien ne me semblait redoutable, je ne reculais devant aucun sacrifice, pour gagner les biens éternels, tant était vive l'ardeur avec laquelle je les désirais; cependant je n'avais pas encore éprouvé l'amour de Dieu, tel que l'oraison l'a développé dans mon âme; j'étais seulement éclairée d'une certaine lumière qui me faisait mépriser les choses périssables, pour estimer les biens que procure l'amour divin, et qui n'ont jamais de fin; telle fut l'efficacité de mes prières, qu'avant deux années à peine, j'étais dans le même état que cette religieuse, et mes souffrances, quoique de différente nature, ne furent, pendant trois ans, ni moins aiguës ni moins pénibles.

L'époque de mon traitement étant venue, mon père, ma sœur, et la religieuse qui m'avait accompagnée, me firent transporter au lieu désigné, avec les plus grandes précautions. Le malin esprit y commença à jeter du désordre dans mon âme, mais Dieu sut tirer avantage de ce mal. Je pris pour confesseur un ecclésiastique qui avait de bonnes qualités, de l'esprit, mais des connaissances peu étendues; je le choisis par amour des lettres, mais je reconnus depuis qu'il faut préférer aux demi-savants les confesseurs moins recommandables par leur instruction que par leurs vertus et la sainteté de leurs mœurs. Les ignorants, se défiant d'eux-mêmes, et n'inspirant pas une confiance absolue, n'agissent jamais sans demander conseil à des personnes plus éclairées. Ils ne m'ont jamais induite en erreur, tandis que les demi-savants m'ont trompée involontairement, faute de connaissances positives. Je me contentais de les croire; je regardais ce qu'ils me disaient comme la vérité même, et la liberté dont je jouissais sous leur direction était si flatteuse pour mes mauvaises inclinations que je les aurais abandonnés dès qu'ils l'auraient voulu restreindre; ils traitaient de bagatelle mes péchés véniels, et de véniels ceux qui étaient effectivement mortels. Leur influence m'a été si fatale, qu'il est tout simple que j'en parle ici, pour prémunir les autres contre un grand danger. J'aurais dû l'éviter seule, et suis, je le crois, sans excuse devant Dieu, car il suffisait qu'une chose ne fût pas bonne dans son essence, pour qu'il fût de mon devoir de la repousser; mais Dieu permit sans doute, en punition de mes péchés, que mes confesseurs me fissent partager leurs propres erreurs, que je communiquai à d'autres personnes en leur répétant ce qu'on me disait. Mon aveuglement dura plus de dix-sept ans, jusqu'à ce qu'un savant dominicain me détrompât, et que des Pères de la compagnie de Jésus achevassent de me faire repentir de ces funestes commencements.

Mon nouveau confesseur conçut de l'affection pour moi, parce que je m'accusais alors de peu de fautes, comparativement à celles dont j'avais eu à gémir depuis que j'étais religieuse, ou dont j'eus à faire l'aveu par la suite. Sa tendresse pour moi n'aurait eu rien de répréhensible si elle n'avait été poussée à l'excès. Je lui disais que, pour rien au monde, je n'aurais voulu offenser gravement le Seigneur; il m'assurait qu'il était dans les mêmes dispositions; et nos entretiens à ce sujet étaient fréquents. Remplie en ce temps d'un amour exalté pour Dieu, j'en faisais le principal objet de mes conversations; l'ardeur qui m'animait, malgré mon extrême jeunesse, confondit mon confesseur au point qu'il n'hésita pas à me révéler sa misère depuis environ sept ans; il entretenait de cruelles relations avec une femme du pays, et cependant il continuait à dire la messe. Cette liaison était si publique, qu'elle l'avait perdu de réputation, sans que personne osât la lui reprocher; je compatis sincèrement à ses peines, car je lui étais attachée; ma légèreté et mon aveuglement me faisant regarder comme une vertu précieuse de répondre à l'affection que j'inspirais. Maudite soit cette fidélité envers nos amis, lorsqu'elle va jusqu'à nous rendre infidèles à Dieu! Partageant l'une des folies ordinaires du monde, je pensais qu'il est bon de persévérer dans nos amitiés, même quand elles sont contraires à la loi de Dieu, seul véritable auteur de tout le bien que nous font les hommes. O aveuglement du monde! je vous aurais mieux servi, Seigneur, si je lui avais témoigné la plus complète ingratitude, sans être aucunement ingrate envers vous; malheureusement pour moi, ç'a été tout le contraire!

Je pris des informations auprès des gens de la maison de mon confesseur, j'obtins sur ses désordres des renseignements qui me firent paraître plus digne de pitié. La malheureuse qui le perdait avait attaché des charmes à une petite image de cuivre, qu'elle l'avait prié de porter à son cou pour l'amour d'elle, et personne n'avait pu le décider à quitter cet amulette. Je ne crois pas absolument à la puissance des sortilèges, mais je dirai ce que j'ai vu, afin de prémunir les hommes contre les femmes capables d'en employer; elles ne doivent leur inspirer aucune confiance; après avoir perdu la crainte de Dieu, après avoir renoncé à la pudeur, à laquelle leur sexe est plus strictement obligé que l'autre, elles ne reculent devant aucun crime, pour accomplir les desseins que le malin esprit leur suggère. Toute pécheresse que je suis, je n'ai jamais eu recours aux maléfices, je n'ai jamais prétendu faire le mal, quand même il m'eût été possible, ni forcer la volonté d'autrui. Le Seigneur m'a préservée de ce genre de faute; mais s'il m'avait abandonnée, j'aurais pu être aussi coupable qu'une autre, n'ayant point de solide garantie contre moi-même.

Quand je sus ce qui concernait mon confesseur, je lui donnai de nouveaux témoignages d'amitié; j'avais de bonnes intentions, mais ma conduite était criminelle, puisqu'on doit éviter de faire le moindre mal, même avec la certitude d'en tirer le plus grand bien; le plus souvent j'avais avec mon confesseur des conversations sur Dieu, et elles lui furent probablement utiles, mais ce fut surtout, je le présume, sa prédilection pour moi qui le détermina à m'abandonner l'amulette, que je fis aussitôt jeter à l'eau. Dès qu'il en fut délivré, il se trouva comme un homme réveillé d'un lourd sommeil : il repassa dans sa mémoire tout ce qu'il avait fait durant ces dernières années; il eut horreur de lui-même, et déplora ses débauches. Notre-Dame dut l'assister, car il fêtait la Conception avec une dévotion particulière. Bref, il cessa de voir celle qui l'avait perdu, et rendit grâces à Dieu de lui avoir ouvert les yeux; il mourut juste un an après, le jour où je l'avais vu pour la première fois. Il avait déjà servi Dieu fidèlement, et quant à la vive tendresse qu'il avait conçue pour moi, je ne l'ai jamais crue coupable, quoiqu'elle eût pu avoir plus de pureté. Il s'est présenté des circonstances où mes sentiments auraient offensé Dieu bien davantage, s'il n'avait toujours été présent à son esprit. Comme je l'ai dit, j'avais soin à cette époque, de m'abstenir de tout péché mortel, et la connaissance que cet ecclésiastique avait de mes dispositions contribuait, ce me semble, à augmenter son affection pour moi. Les hommes doivent préférer aux autres femmes celles qui manifestent du penchant pour la vertu, et elles lui doivent d'acquérir sur eux une plus grande influence pour ce qu'elles veulent accomplir ici-bas. Je le démontrerai plus tard.

Je suis persuadée que ce prêtre était sur le chemin du salut; il mourut en bon chrétien, entièrement détaché de ses liens funestes, et il me semble que Dieu voulut lui fournir les moyens de se sauver.

Le traitement que je subissais étant trop violent pour ma complexion, je fus pendant trois mois en proie aux plus cruelles souffrances; les remèdes épuisèrent mes forces, et les maux de cœur dont on cherchait à me guérir étaient parfois si douloureux, qu'il me semblait qu'on me le saisissait avec des dents acérées, et qu'on craignait de voir mes tourments dégénérer en accès de rage. Durant près d'un mois, on m'avait donné tous les jours des purgatifs qui avaient totalement épuisé mes forces; ma fièvre était continuelle, j'avais du dégoût pour tous les aliments, et n'en pouvais prendre que de liquides; mon corps était en feu, et mes nerfs commencèrent à se contracter avec des douleurs si intolérables, que, ni le jour ni la nuit, je n'avais un moment de repos, et ma tristesse était extrême. Les médecins m'abandonnèrent en déclarant que mon état d'étisie leur ôtait toute espérance. Je m'inquiétais peu de leur sentence, mais j'étais accablée de mes douleurs qui me prenaient des pieds à la tête, et, au dire des médecins, les contractions, portant sur tous mes nerfs, durent me causer d'affreuses tortures. Trois mois se passèrent ainsi, et l'on n'imaginait pas que je puisse survivre à tant de maux réunis; leur souvenir m'épouvante encore aujourd'hui, et je dois remercier Dieu avec ferveur, de la patience qu'il me donna pour les supporter, et qui venait évidemment de lui seul. Je la puisais en partie dans l'histoire de Job, que j'avais lue dans les Moralités de saint Grégoire; et Dieu, en me mettant cet ouvrage sous les yeux, en m'inspirant la pensée de pratiquer l'oraison, avait voulu sans doute me préparer à la résignation. Je ne m'entretenais que de cette pieuse histoire, je repassais en ma mémoire et répétais les paroles de Job : « Puisque nous avons reçu les biens de la main du Seigneur, pourquoi ne souffririons-nous pas les maux qu'il nous envoie? » Et je me sentais fortifiée par cette réflexion.

Je souffrais depuis le mois d'avril, quand vint la fête de Notre-Dame d'août. Mes douleurs avaient redoublé pendant les trois derniers mois ; et comme j'ai toujours aimé de me confesser souvent, je demandai à le faire ; on crut que mon désir était inspiré par l'appréhension de la mort, et mon père s'y refusa, afin de ne pas m'inquiéter. Que l'amour né de la chair est aveugle dans ses excès! Mon père, malgré sa prudence, malgré son attachement à la foi catholique, pouvait me causer un grand préjudice! Dans la nuit même, il me prit un paroxysme terrible, qui dura près de quatre jours, sans que j'eusse un seul instant l'usage de mes sens. On m'administra le sacrement de l'extrême-onction ; on croyait à chaque moment que j'allais expirer, et cependant on ne cessait de me réciter le *Credo*, comme si j'avais été en état de ne rien entendre. On m'avait si bien regardé comme morte, qu'en revenant à moi, je trouvai sur mes yeux la cire de la bougie qu'on en avait approchée. Mon père, au désespoir de ne m'avoir pas laissé me confesser, criait et priait à la fois. Béni de l'avoir exaucé, et de m'avoir rendue à la vie, quand une fosse ouverte depuis un jour et demi dans mon couvent attendait mon cadavre. quand on avait célébré un service pour moi dans un couvent de notre ordre! Aussitôt que j'eus repris connaissance, je voulus me confesser ; je communiai en versant d'abondantes larmes, mais peut-être sans avoir ce regret d'avoir offensé Dieu, cette componction profonde, qui eussent suffi pour me sauver, si l'on m'avait induite en erreur, en me présentant comme simplement véniels des péchés dont j'ai reconnu depuis toute l'énormité. Malgré la vivacité de mes souffrances et l'anéantissement de mes forces, je me confessai de toutes mes fautes, car Dieu m'a fait la grâce de n'en jamais dissimuler aucune, même les vénielles, toutes les fois que je me suis approchée du tribunal de la pénitence.

Je crois néanmoins que si j'étais morte en ce moment, mon salut eût été douteux, tant était grand le mal produit en moi par l'ignorance de mes confesseurs, et je songe avec stupeur à la manière miraculeuse dont je fus arrachée à la tombe. Vous avez raison, ô mon âme, d'être reconnaissante envers le Seigneur, qui vous délivra d'un aussi grand péril ; à défaut de l'amour, la crainte seule devrait vous inspirer de pieuses résolutions puisqu'en mille occasions, la mort peut me saisir dans un état plus dangereux! Je crois même que je n'exagérerais pas, en disant mille et mille occasions, dussé-je endurer le blâme de celui qui m'ordonne de me modérer dans la révélation de mes péchés. Je le prie, au nom de Dieu, de me permettre de les exposer sans détail, afin qu'on voie la grandeur de Dieu et sa miséricorde envers une âme coupable. Qu'il soit béni à jamais ! qu'il plaise à sa toute-puissance me réduire en cendres avant que je cesse de l'aimer !

CHAPITRE VII.

Résignation que Dieu donna à sainte Thérèse dans ses souffrances. — Comment elle fut guérie par l'intercession de saint Joseph.

Dieu seul peut savoir les incomparables tourments que j'endurai pendant ces quatre jours de paroxysme. J'avais la langue déchirée de morsures, et je pouvais à peine avaler de l'eau, n'ayant rien pris depuis si longtemps, et suffoquée par ma grande faiblesse. Mes os me paraissaient disjoints; j'avais le vertige, j'étais ramassée comme en un peloton; la douleur m'avait paralysé les bras, les pieds, les mains, la tête, au point qu'il m'était aussi impossible de les remuer que si j'eusse été morte, et j'étais incapable de lever un seul doigt de la main droite, le moindre attouchement m'était pénible, tant ma sensibilité était exaspérée, et il fallait me changer de place dans un linceul, qu'une personne tenait à chaque bout; cet état dura jusqu'à Pâques fleuries. Mes souffrances étaient suspendues quand on ne me touchait pas, et, comme j'appréhendais que leur violence et leur continuité me fissent perdre la patience, j'étais heureuse d'éprouver un peu de soulagement, bien qu'en proie aux frissons de la fièvre quarte j'avais un désir ardent de rentrer ou couvent, que je m'y fis transporter sans attendre une amélioration dans mon état. On reçut vivante celle qu'on s'attendait à voir morte; mais la vue de mon corps souffrant inspirait plus de compassion que celle d'un cadavre. L'excès de ma faiblesse ne se peut décrire; il ne me restait que les os; et, après huit mois de maladie, tout en entrant par degrés en convalescence, je demeurai percluse pendant près de trois ans. Je rendis grâce à Dieudès que je commençai à me traîner. Une joie sincère succéda à ma résignation, car mes douleurs ne me semblaient rien, comparées avec celles que j'avais primitivement éprouvées. J'étais déterminée à me soumettre à la volonté de Dieu, quand même il eût prolongé ma maladie; et si je désirais guérir, c'était uniquement pour me livrer solitairement à l'oraison, telle qu'on me l'avait enseignée, l'infirmerie ne m'offrant aucun lieu propre à la retraite et à la prière. Je me confessais souvent, je m'entretenais souvent de Dieu, de manière à édifier toutes mes compagnes, qui s'étonnaient de la patience que Dieu me donnait; elles voyaient bien que mon contentement au milieu de tant de misères ne pouvait venir que de sa main.

C'était pour moi une grâce importante que celle de l'oraison; elle me faisait comprendre ce que c'était que d'aimer Dieu, et je voyais en moi de nouvelles vertus, qui ne suffisaient pas toutefois pour me maintenir dans la voie de la justice. Je ne me permettais pas la moindre médisance, j'excusais au contraire celles dont la conduite excitait des murmures, car je songeais souvent que je ne devais pas dire d'autrui ce que je n'aurais pas voulu qui fût dit de moi. Cette pensée était ma règle de conduite dans toutes les occasions, et je m'en éloignais le moins possible, sans éviter pourtant quelques écarts presque involontaires. Mes compagnes, celles que je fréquentais le plus particulièrement, étaient convaincues de ma discrétion; elles pouvaient avoir en moi pleine confiance; mais je ne laissais pas de leur donner de mauvais exemples en d'autres choses; et quoique mes intentions ne fussent pas aussi coupables que mes actes, plaise à Dieu de me pardonner le mal dont j'ai été la cause!

Je contractai le goût de la solitude et des entretiens qui avaient le Ciel pour objet; quand je trouvais occasion d'en parler, j'y prenais plus de plaisir qu'à la politesse, ou, pour mieux dire, à la grossièreté des conversations du monde. Je me confessais et communiais souvent; je recherchais avidement les bons livres, et je me repentais si vivement de mes péchés, que je me rappelle n'avoir pas, à plusieurs reprises, osé me mettre en oraison, dans la crainte de la douleur qu'ils me causaient, et qui me tenait lieu d'un terrible châtiment; cette douleur augmenta au point que je ne saurais à quoi la comparer. Je souffrais à l'idée des faveurs de Dieu et de mon extrême ingratitude; les larmes ne me soulageaient point : je me représentais avec amertume que ni elles ni mon repentir ne contribuaient à mon amélioration, et que mes résolutions, à peine formées, s'effaçaient à la moindre occasion. Ces pleurs que je répandais en abondance, ces pleurs qu'il plaisait à Dieu de m'accorder, me semblaient l'œuvre d'une hypocrisie qui me rendait plus criminelle encore, mon repentir était faux à mes yeux. Je me confessais brièvement, et avec tout le soin nécessaire à mon salut, mais je ne fuyais pas assez les occasions de pécher; je ne recevais presque point de secours de mes confesseurs, et c'était la source de mes fautes. Si l'on m'eût signalé le péril, si l'on m'eût guidée dans mes démarches, j'aurais sans doute évité d'autant plus aisément le péché, que j'en avais horreur, et n'aurais pas voulu y demeurer un seul jour avec connaissance de cause.

L'oraison développa en moi la crainte de Dieu, mais l'amour que j'avais pour lui étouffait cette crainte salutaire, et ne me permettait pas de songer au châtiment. Je fis tous mes efforts pendant ma maladie pour ne point commettre de péché mortel; mais en désirant la santé, je m'imaginais à tort qu'elle me faciliterait les moyens de servir Dieu. Me trouvant si valétudinaire, et, dans un âge si tendre, voyant dans quel état m'avaient réduite les médecins de la terre, je résolus d'attendre ma guérison de ceux du ciel. Si parfois, forte de ma résignation, je me disais que mon état de souffrance assurait mon repos spirituel, je revenais bientôt à la pensée qu'il me fallait de la santé pour servir le Seigneur, mais combien je m'abusais! Dieu ne sait-il pas mieux que nous ce qui nous convient, et ne nous est-il pas profitable d'être obligés par notre état même de nous abandonner entièrement à lui?

Je fis dire pour moi des messes et des prières, quoique je n'aie jamais approuvé les pratiques superstitieuses de certaines personnes, et principalement de certaines femmes. J'implorai l'intercession du glorieux saint Joseph, et j'ai obtenu par elle, plus que je n'aurais osé demander, tant dans cette circonstance que dans beaucoup d'autres, où mon honneur et mon salut étaient compromis davantage : je ne l'ai jamais invoqué inutilement, et ce bienheureux saint a délivré mon âme et mon corps des plus redoutables périls. Si d'autres saints nous viennent parfois en aide, celui-ci nous est secourable en toute occasion, et le Seigneur, dont il était le père sur la terre, semble ne vouloir rien lui refuser dans le ciel. J'ai conseillé à plusieurs personnes d'avoir une dévotion particulière pour saint Joseph, et toutes en ont éprouvé l'efficacité. Je veillais autant qu'il m'était possible à ce qu'on célébrât sa fête avec solennité, mais il y avait plus de vanité que de piété véritable dans la pompe dont je provoquais le déploiement : puisse Dieu me pardonner mon affectation mondaine en considération de ma ferveur !

J'ai toujours vu avancer dans le sentier de la vertu ceux qui, d'après mes avis, se sont recommandés à saint Joseph. Quand je lui ai demandé une faveur le jour de sa fête, je n'ai jamais manqué de l'obtenir, et j'ai pu, grâce à son assistance, me corriger de bien des imperfections. Je dépasserais les bornes que l'on m'a prescrites, en m'étendant sur les obligations que j'ai à ce saint, mais je ne saurais trop répéter qu'il est avantageux de le prendre pour avocat auprès de Dieu, pour guide dans l'oraison, pour modèle dans la conduite. Ce fut par son intercession que je me rétablis, que je me levai, que je cessai d'être paralysée, et je dus me reprocher amèrement d'avoir mal usé d'une pareille grâce. Qui eût pu prévoir ma prompte rechute dans le péché, en me voyant comblée des faveurs célestes, douée de vertus naissantes qui me portaient à servir Dieu, délivrée de la mort et de la damnation, ressuscitée d'esprit et de corps ? Qui se fût attendu à me voir retomber dans mes erreurs, moi, dont le rétablissement étonnait comme un miracle ? J'étais vivante, mais est-ce vivre, Seigneur mon Dieu, que d'être environné de tant de dangers ? Peut-être toutefois, en écrivant ces lignes, soutenue par votre grâce et votre miséricorde, il m'est permis de dire avec saint Paul : « Je ne vis plus, mais c'est vous, mon Créateur, qui vivez en moi. » Ces paroles me sont applicables, bien qu'elles ne soient pas aussi vraies de moi que du saint apôtre. Il me semble que, depuis quelques années, vous me conduisez par la main, et m'inspirez la ferme résolution de ne pas agir contre votre volonté ; je ressens les effets de votre protection toute-puissante, malgré mon abjection et mes omissions involontaires. Je suis aujourd'hui plus disposée que jamais à tout sacrifier à l'amour que je vous porte ; je n'aime ni le monde ni les choses du monde ; vous seul êtes ma joie, et le reste me paraît un lourd fardeau. Il est possible que je m'abuse, mais vous, Seigneur, vous savez que je ne mens pas. Ne me retirez pas votre appui, ô mon Dieu ! car, sans lui, je n'ai ni force ni vertu. Qu'il vous plaise de ne pas m'abandonner, quand même vous vous offenseriez de l'opinion que j'ai de moi-même ! J'ignore comment nous sommes attachés à la vie, où tout est si variable et si incertain ; je croyais impossible de renoncer à moi, et je suis tombée chaque fois que vous vous êtes éloigné de moi. Soyez béni éternellement de ne m'avoir jamais entièrement délaissée, de m'avoir relevée, de m'avoir tendu la main !

CHAPITRE VIII.

Fautes de sainte Thérèse. — Mort de son père.

Pendant ma convalescence, je m'abandonnai aux divertissements, aux vanités, à toutes les occasions de désordre qui s'offrirent à moi, au point de ne plus oser m'unir à Dieu par une communication aussi intime que celle de l'oraison. A mesure que mes mauvais penchants se développaient, je perdais le goût des choses vertueuses ; je voyais clairement, mon Dieu, qu'il me quittait parce que je vous quittais. Ainsi, le démon, pour me tromper plus cruellement, m'inspirant une fausse humilité, je négligeai l'oraison sous prétexte que je n'en étais pas digne. Étant au nombre des plus imparfaites, je croyais qu'il me suffirait de faire comme les autres, et de prier de vive voix, suivant les obligations de ma règle, au lieu de m'adonner à l'oraison mentale ; je n'osais converser avec Dieu lorsque je méritais d'être avec les démons. Cependant je trompais les personnes qui m'environnaient : toutes les apparences étaient en ma faveur, tout dans mon intérieur annonçait la piété, et la bonne opinion que l'on avait conçue de moi n'avait rien de répréhensible ; car mon maintien semblait la justifier, je ne feignais pas toutefois la dévotion : grâce à Dieu, il ne me souvient pas de l'avoir offensé par hypocrisie ou par vaine gloire ; j'avais au contraire horreur de ces défauts, et quand j'en éprouvais le premier mouvement, telle était la sincérité de ma douleur, que le démon se retirait avec perte, forcé de me céder la victoire, et de renoncer à m'attaquer de ce côté. Peut-être si, avec la permission de Dieu, il m'eût tentée en cela avec autant de force qu'en d'autres choses, il eût réussi à me faire succomber ; mais sa toute-puissante majesté m'en a jusqu'à présent gardée, et qu'il en soit éternellement béni !

Connaissant le secret de mon cœur, je souffrais de l'estime qu'on avait pour moi ; elle provenait de ce qu'on me voyait, quoique jeune et ayant occasion de me divertir, me retirer souvent pour prier, lire, m'entretenir de Dieu, faire peindre son image en divers endroits, m'enfermer dans un oratoire, et y rassembler plusieurs objets propres à m'exciter à la dévotion. En outre, je ne disais du mal de personne, je possédais quelques talents que le monde a coutume de priser, de sorte qu'on avait pleine confiance en moi et qu'on me laissait plus de liberté qu'aux anciennes. Il ne m'est pourtant jamais arrivé de rien faire sans autorisation, et quant aux entretiens mystérieux par des trous, des fentes de murailles, ou pendant la nuit, je ne pouvais comprendre qu'on se les permît dans un monastère, car le Seigneur m'assistait de sa main. Je me serais fait un scrupule de compromettre par ses fautes la réputation de la communauté, quoique j'en connaisse d'autres moins graves, mais cependant très-blâmables. Il me fut très-préjudiciable d'être dans un couvent où l'on n'observait pas la règle de clôture. Les bonnes religieuses, n'étant liées par aucun vœu de réclusion, n'abusent point de leur liberté; mais elle m'eût infailliblement perdue, si le Seigneur ne m'eût prodigué toutes sortes de secours. Les monastères sans clôture me semblent pernicieux, et, pour les femmes qui ont de mauvais penchants, c'est plutôt le chemin de l'enfer qu'un remède à leurs faiblesses. Je ne veux point parler ici du monastère où j'étais : on y voyait des nonnes qui servaient Dieu réellement et avec tant de perfection, qu'elles pouvaient compter sur la grâce céleste ; les portes n'en étaient pas ouvertes à tous indistinctement, et la règle y était scrupuleusement suivie : je fais allusion à d'autres couvents que je connais, et que j'ai vus. J'y remarque avec chagrin que, pour en sauver les religieuses, le Seigneur a besoin de les appeler à lui, non pas une fois seulement, mais à plusieurs reprises. Elles sont autorisées à prendre part aux idées et aux plaisirs du monde, et Dieu veuille qu'elles ne prennent pas le péché pour la vertu, comme je l'ai fait trop souvent! Il leur est si difficile de distinguer l'un de l'autre, qu'il faut que Dieu les éclaire et les dirige. Si les parents suivaient mes conseils, quand même ils ne s'inquiéteraient pas de mettre leurs filles sur le chemin du salut, ils ne les exposeraient pas à courir plus de dangers que dans le monde, et devraient, par égard pour leur honneur, les établir avantageusement, plutôt que de les placer en de semblables monastères; dans le cas même où elles montreraient les meilleures dispositions, elles y seraient moins en sûreté que dans le monde. Au couvent, si elles se pervertissent, leurs égarements demeurent longtemps cachés, et avant que Dieu les découvre, elles les feraient partager à leurs malheureuses compagnes. Il est pénible de voir des femmes quitter le monde, dans l'espérance d'en éviter les dangers et de se consacrer au service de Dieu, et se trouver plus exposées qu'en dix mondes réunis, sans avoir les moyens d'y remédier et de se défendre. En effet, la jeunesse, la sensualité, le démon, les convient et les disposent à suivre certaines voies qui sont précisément du monde, et qu'elles regardent comme bonnes, d'après l'opinion générale. Ces femmes abusées sont comparables aux hérétiques, en cela qu'elles s'aveuglent volontairement, qu'elles veulent faire accepter leurs idées comme saines et justes, et se croient irréprochables, sans pouvoir étouffer toutefois les reproches de leur conscience. Oh! malheur, malheur aux monastères dont la règle n'est pas rigoureuse (et je parle ici aussi bien des couvents d'hommes que de ceux de femmes)! malheur aux monastères où il y a deux chemins, tous deux également praticables, celui de la vertu et celui du désordre! Que dis-je? Ce dernier est le plus aisé à suivre, et les religieux qui commencent à observer les lois de leur profession ont plus de tentations à craindre de leurs compagnons que des démons eux-mêmes, et doivent pour leur plaire, dissimuler leur attachement pour Dieu, avec plus de soin que les liaisons qui se forment dans les couvents. Pourquoi donc nous étonner de voir tant de maux dans l'Église, quand les hommes appelés à en être les modèles, à donner l'exemple des vertus, rendent inutiles les efforts qu'ont fait des saints d'autrefois pour établir des règles sages et rigoureuses? Je constate le mal; Dieu veuille apporter le remède.

Lorsque je recevais des visites, lorsque je conversais avec des personnes du dehors, je ne calculais pas aussi bien que je l'ai fait depuis l'étendue du mal causé par ces distractions; je me croyais autorisée par l'exemple des autres religieuses, sans songer qu'elles restaient pures, parce que leurs bonnes inclinations rendaient ces visites moins périlleuses pour elles que pour moi. Je reconnaissais cependant que c'était au moins du temps mal employé. Au moment où j'allais me lier avec une personne dont la fréquentation m'eût été funeste, le Seigneur me tira de mon aveuglement; je crus voir en songe Jésus-Christ, dont le visage sévère m'annonçait le courroux. Je le vis avec les yeux de mon âme plus clairement que je ne l'aurais pu voir avec ceux de mon corps, et cette vision est gravée si profondément dans mon esprit, qu'elle me semble encore devant moi, après un intervalle de vingt-six années. J'en fus si troublée, que je rompis avec la personne dont j'ai parlé; mais, malheureusement pour moi, je ne concevais pas qu'on pût voir sans les yeux du corps. Le démon me confirmait dans l'idée que c'était une chose impossible, et que cette apparition avait été enfantée par mon délire. Cependant, je me répétais sans cesse que j'avais réellement vu Jésus-Christ; mais n'étant pas accoutumée à l'étrangeté de cette pensée, je ne tardai pas à me démentir moi-même. N'osant prendre aucune de mes compagnes pour confidente de mon incertitude, je fus accablée de représentations relativement à la personne que j'avais cessé de voir. On m'objecta que non-seulement il n'y avait pas de mal à la fréquenter, mais encore que je ne pouvais qu'y gagner; je renouai avec elle, et fis d'autres connaissances, sans me rendre exactement compte, pendant plusieurs années, des inconvénients de pareilles liaisons, quoique de temps en temps j'eusse les yeux ouverts sur ce qu'elles avaient de funeste. Mes plus dangereuses distractions vinrent de la personne que j'ai mentionnée, et pour laquelle j'éprouvais une vive tendresse.

Me promenant un jour avec elle, je vis venir à nous une espèce de crapaud de dimension énorme, et ceux qui nous accompagnaient le virent aussi bien que moi; il marchait beaucoup plus vite que ne marchent les animaux de son espèce. Je ne pus comprendre et n'ai jamais compris de quel lieu il avait pu sortir, et comment il se montrait en plein midi. Cette circonstance, si simple en apparence, me sembla avoir quelque chose de mystérieux, et c'est pourquoi je ne l'ai jamais oubliée; j'y crus reconnaître un symbole, un avertissement, une image de la rapidité avec laquelle le mal se précipite vers nous. O Dieu bon et miséricordieux! quels moyens n'avez-vous pas employés pour m'éclairer, et que j'en ai peu profité!

Il y avait au couvent une religieuse, ma parente, ancienne, zélée servante de Dieu, et d'une piété véritable; elle me donnait parfois d'excellents conseils, et non-seulement je ne les croyais pas, mais encore ils m'inspiraient pour elle un sentiment de répulsion, et il me semblait qu'elle se scandalisait à tort. Je dis cela pour montrer toute ma perversité, toute mon ingratitude, et éclairer les religieuses entre les mains desquelles pourra tomber ce livre; je les supplie, pour l'amour de Dieu, de fuir les liaisons qui détournent de son service; et puissé-je détromper celles que j'ai abusées en leur disant autrefois qu'il n'y avait pas de mal à entretenir des relations mondaines, en en donnant le mauvais exemple, en communiquant aux autres mon aveuglement involontaire.

Malgré mes imperfections, et quoique incapable de m'aider moi-même, j'avais le plus grand désir d'être utile aux autres, tentation très-ordinaire à ceux qui débutent; j'eus le bonheur d'en retirer quelques bons effets. Aimant extrêmement mon père, je désirais qu'il pût connaître comme moi l'oraison, dont les avantages me semblaient infinis. Je fis tous mes efforts pour l'y amener indirectement. Je lui indiquai les livres propres à l'y porter, et, naturellement vertueux, il s'y appliqua avec tant d'ardeur, qu'au bout de cinq ou six ans je rendais grâce à Dieu de ses progrès, et en recevais grande consolation. Il éprouva beaucoup de malheurs, et les supporta toujours avec une soumission complète; il venait souvent s'en consoler avec moi dans de pieuses conversations, et je voyais, non sans confusion, qu'il ne me croyait aucunement changée, quoique je fusse distraite et hors d'état de m'exercer à l'oraison. Je ne pus résister au désir de le détromper, et lui avouai que j'avais discontinué mes prières, sans lui dire pourquoi. J'alléguai mes infirmités, qui sont toujours demeurées très-graves depuis ma maladie, et, quoique diminuées en ces derniers temps, sont encore loin de m'abandonner.

J'ai eu, surtout le matin, pendant vingt ans, des vomissements qui ne me permettaient de déjeuner qu'à midi, et quelquefois plus tard; depuis que je communie plus fréquemment, ce vomissement me prend le soir avant que je me couche, et me fait beaucoup souffrir; je suis même obligée, pour diminuer mes douleurs, de le provoquer avec une plume, ou autrement. J'éprouve aussi de violents maux de cœur, mais je suis délivrée de mes accès de fièvre et de ma paralysie. Loin de m'inquiéter des infirmités qui me restent, il m'arrive de m'en réjouir souvent, par l'idée que ma résignation est agréable à Dieu.

Mon père crut qu'elles seules m'empêchaient en effet de faire oraison; car il était trop ennemi du mensonge pour le soupçonner dans les autres. Sentant que mon excuse était insuffisante, et afin de le mieux persuader, je lui dis que tout ce que je pouvais faire était de me rendre au chœur. Mais ce n'était pas encore un motif valable pour abandonner l'oraison; elle ne nécessite pas de forces corporelles; elle ne demande que de l'amour, de la volonté, de la persévérance, et le Seigneur nous en envoie toujours lorsque nous lui en demandons. Je dis toujours, car si les souffrances empêchent de temps à autre le recueillement, il est d'autres moments où l'on parvient à les surmonter, et ce sont ceux de l'oraison véritable. Quand l'âme est remplie d'amour, elle offre à Dieu ses douleurs, elle se rappelle celui pour lequel elle souffre, et se soumet à la volonté divine. Il n'est pas nécessaire, pour pratiquer l'oraison, d'être complétement solitaire et exempt de toutes autres préoccupations; pour peu que l'on fasse d'efforts, on tire de grands avantages des instants même où l'on est distrait par des souffrances, et je l'ai éprouvé toutes les fois que j'avais la conscience tranquille et bien disposée.

Mon père, avec la bonne opinion qu'il avait pour moi, et la tendresse qu'il me portait, ne pouvait douter de la vérité de mes assertions, et me plaignait sincèrement. Comme il avait déjà acquis une grande élévation d'esprit, il restait moins de temps avec moi, et il allongeait toujours ses visites, disant que c'était du temps perdu pour moi; je m'inquiétais peu d'un temps que je gaspillais à de futiles vanités. Lors même je m'y abandonnais, je ne cessais pas d'exciter à l'oraison tant mon père que plusieurs autres personnes auxquelles je l'enseignais; sitôt que je m'apercevais qu'elles aimaient la prière, je leur montrais comment il fallait s'y prendre pour entrer en méditation, et leur donnais les livres nécessaires; car après avoir pratiqué moi-même l'oraison, j'avais senti immédiatement le plus vif désir de propager cette sainte pratique, et il m'avait semblé que, ne servant pas Dieu comme il l'eût voulu, je devais du moins faire tous mes efforts pour que les autres le servissent, afin de ne pas perdre entièrement le bénéfice de sa grâce. Je dis ceci pour faire voir combien j'étais aveugle quand je négligeais mon salut, tout en m'occupant de celui des autres.

Vers cette époque, mon père tomba malade de la maladie dont il mourut, et qui ne dura que peu de jours. Je fus l'assister, plus faible d'âme qu'il l'était de corps, plus moralement malade par suite de ma dissipation qu'il l'était par l'effet des années. Cependant je me croyais complétement exempte de l'état de péché mortel, dans lequel je n'aurais pas voulu rester un seul instant.

Je prodiguai tant de soins à mon père durant cette maladie, que je crus être acquittée de ceux dont j'avais été l'objet de sa part. Je me soutenais péniblement, et, quoique avec lui s'en allât tout mon bonheur, j'avais assez de force pour ne pas donner de signes extérieurs de mon affliction; en voyant s'éteindre un père que j'aimais tant, j'avais l'âme déchirée, mais j'eus le courage de me montrer insensible jusqu'après sa mort, conseil qu'il me donna après avoir reçu l'extrême-onction. Ce fut une chose dont le Seigneur doit être glorifié que la manière dont mon père mourut; il était heureux d'échanger les peines de la vie contre la béatitude éternelle. Il nous donna de pieux conseils après avoir reçu l'extrême-onction, il nous chargea de le recommander à Dieu, d'implorer pour lui la céleste miséricorde, et nous fit sentir la nécessité d'agir toujours en fidèles chrétiens ; il nous exprima en pleurant ses regrets de n'avoir pas eu assez de zèle pour le service de Dieu, de n'avoir pas embrassé l'état ecclésiastique, en choisissant le plus rigoureux de tous les ordres. Je tiens pour certain que, quinze jours auparavant, le Seigneur lui avait fait connaître qu'il ne survivrait pas; aussi, dans le moment même où les médecins lui assuraient qu'il allait mieux, il ne songeait qu'à mettre ordre à sa conscience. Il souffrait principalement entre les épaules, et cette douleur ne le quitta jamais, et lui arrachait quelquefois des plaintes violentes. Je lui dis qu'avec sa dévotion il devait songer aux souffrances de Jésus sur la croix, et croire que Dieu avait voulu lui faire sentir combien elles avaient été grandes; ces paroles lui donnèrent tant de consolation, que je ne l'entendis plus se plaindre.

Il passa trois jours sans connaissance; mais, le jour de sa mort, il avait les idées si nettes, que nous ne pouvions assez nous en étonner, et il conserva toute sa présence d'esprit jusqu'au milieu du *Credo*, qu'il récitait lui-même, et pendant lequel il rendit l'âme. Une angélique sérénité régnait sur ses traits, et il me parut, pour ainsi dire, un ange, par les excellentes dispositions où il était durant son agonie. Je ne sais pourquoi j'ai raconté cette fin méritoire, si ce n'est pour montrer combien, après avoir été témoin d'une pareille vie, et d'une pareille mort, je suis coupable de n'avoir pas fait tous mes efforts pour ressembler à un aussi bon père. « Il ira droit au ciel, » disait son confesseur, moine dominicain, qui, l'ayant dirigé pendant plusieurs années, donnait les plus grands éloges à la pureté de sa conscience.

Je pris pour confesseur ce même dominicain, homme d'une science profonde et craignant Dieu, et il me fut très-utile, en me signalant mes efforts avec une inestimable bienveillance, et il me faisait communier de quinze jours en quinze jours; et devenant par degrés plus confiante durant les entretiens que j'eus avec lui, je lui parlai de mon oraison; il me recommanda de ne pas la discontinuer, parce que l'efficacité en était certaine. Je commençai donc à la reprendre, et ne l'ai jamais quittée depuis, sans éviter toutefois les occasions de mal faire. Mon âme était en proie à des alarmes continuelles, car l'oraison me montrait l'énormité de mes fautes. Dieu m'appelait d'un côté, et, de l'autre, je me laissais entraîner à la voix du monde; j'avais la folle idée d'accorder ces deux extrêmes, la vie spirituelle et les plaisirs mondains. L'oraison m'était pénible, parce que mon esprit allait vers le Seigneur en esclave, et je ne pouvais me concentrer en moi-même, me recueillir comme l'exigeait cette pieuse pratique, sans concentrer en moi, du même coup, mille vanités. Je passai dans ces luttes intérieures plusieurs années, auxquelles je ne puis penser sans étonnement, me demandant comment j'ai pu hésiter si longtemps, et ne pas abandonner l'oraison où les inclinations mondaines; je sais bien qu'il n'était pas en mon pouvoir de renoncer à l'oraison, car celui qui m'y retenait avait dessein de m'accorder des grâces encore plus grandes. O Dieu, avec quelle imprudence je me précipitais alors au-devant du péché! avec quelle bonté vous m'en retiriez! de combien de dangers vous m'avez délivrée, moi toujours prête à me perdre de réputation en me dévoilant telle que j'étais! Vous avez tenu mes fautes cachées, et avez mis en relief les faibles vertus qui étaient en moi. Ceux qui par hasard s'apercevaient de mes erreurs, ne croyaient pas au témoignage de leurs yeux, parce qu'ils avaient cru reconnaître en moi des qualités. Vous qui savez tout, qui voyez tout, vous vouliez qu'il en fût ainsi, pour qu'on eût quelque confiance en moi, quand je parlerais de vous, et de ce qui vous est dû. Votre souveraine munificence envisageait, non pas mes grands péchés, mais le désir que je montrais souvent de vous servir, et mes regrets de n'avoir pas assez de force pour mettre mes projets à exécution. O Seigneur de mon âme, comment pourrais-je reconnaître les faveurs dont vous m'avez comblée à cette époque, quand, au moment où je vous offensais le plus, vous me prépariez à goûter vos bienfaits par le plus profond repentir. A la vérité, ô mon souverain maître, vous aviez adopté à mon égard le plus délicat et le plus pénible des châtiments, en répondant à mes fautes par un redoublement de grâces et de bontés.

Ces paroles ne sont pas insensées, quoiqu'il me fût permis d'avoir l'esprit troublé, quand je repasse en ma mémoire mon ingratitude et ma perversité. Dans mon état de corruption, les faveurs m'étaient plus pénibles que les punitions, surtout si j'étais tombée en des fautes graves; une seule grâce me confondait et m'accablait plus qu'une succession de maladie et de traverses, au moins j'aurais eu la conviction que je les méritais; il m'eût semblé qu'elles payaient une partie de mes égarements, et qu'elles étaient faibles en comparaison; mais, recevoir de nouvelles grâces, quand je reconnaissais si mal les anciennes, c'était une espèce de supplice intolérable pour moi, et il semblera probablement tel à quiconque ressent le moindre amour pour Dieu.

Ces sentiments étaient le sujet de mes larmes et de mes ennuis; je me voyais avec douleur à la veille de retomber dans le péché, malgré les plus fermes résolutions. C'est un grand mal qu'une âme soit seule au milieu de tant de périls; et sans doute, si j'eusse pu m'entretenir de mes tourments avec un guide fidèle, capable de m'éloigner du péché, la honte de m'exposer à ces reproches m'eût au besoin tenu lieu de la crainte de Dieu.

Ainsi, je conseillerais à ceux qui s'appliquent à l'oraison, surtout dans le commencement, de se lier avec des personnes qui observent la même pratique. Ce serait déjà une chose très-importante, si l'on n'en tirait que l'aide des prières mutuelles; mais elle a beaucoup d'autres avantages, puisque le but des liaisons mondaines, tout imparfaites qu'elles sont, est de trouver des consolations dans ses peines, et des compagnons dans ses plaisirs. Je ne sais pas pourquoi il ne serait point permis aux fidèles adonnés à l'oraison, de partager avec d'autres les consolations et les peines dont elle est la source; pourvu qu'ils soient réellement pénétrés de l'amour de Dieu, ils n'ont pas à craindre la vaine gloire, et quand ils en sentiront les premières atteintes, ils en triompheront par leur mérite. Je crois que les conversations qu'on tient sur l'oraison, avec la ferveur nécessaire, sont profitables à ceux qui les entendent, et réussissent plus que les renseignements qu'on fait à ses amis. La vanité n'est plus à redouter avec elles que dans les autres actions de la vie du chrétien, comme dans l'audition de la messe, et l'on aurait grand tort de renoncer à de pieux entretiens, sous prétexte qu'on y chercherait une occasion de briller et de s'enorgueillir. Lorsque nous ne sommes pas encore affermis dans la route de la vertu, nous rencontrons une multitude d'obstacles et des amis qui nous excitent au mal; et comme ils ne manquent pas de nous faire appréhender la vanité, je ne saurais trop prémunir les fidèles contre ces fausses alarmes. Le malin esprit nous entoure de piéges, quand il nous voit disposés à aimer et servir le Seigneur, et il nous envoie des personnes qui nous détournent à le témoigner, tandis qu'elles nous portent à afficher nos mauvaises inclinations. Cette conduite est même aujourd'hui reçue et regardée comme louable, et l'on ne craint pas de rendre publiques les offenses qu'on fait à Dieu.

Je ne sais si je m'abuse; dans le cas où je serais dans l'erreur, jetez ce manuscrit au feu, ô mon vénérable confesseur; sinon, je vous en supplie, veuillez venir en aide à mes faiblesses, et corroborer mes conseils. On s'occupe si mollement de ce qui regarde le service de Dieu, qu'il faut de toute nécessité s'épauler les uns les autres, pour avancer dans les voies du Seigneur, comme le font les hommes attachés au monde pour persévérer dans les vanités et dans les plaisirs. Il y a malheureusement peu d'yeux ouverts sur les erreurs des mondains; mais, dès que quelqu'un commence à se donner à Dieu, il excite tant de murmures, qu'il a besoin de soutiens, jusqu'à ce qu'il soit assez fort pour ne pas appréhender de souffrir, autrement il se trouvera bien exposé. C'est pour cela sans doute que de saints personnages s'étaient déterminés à se retirer dans les déserts; et c'est une espèce d'humilité de ne pas se fier à soi-même, et de ne croire qu'aux avis de ceux dont la fréquentation nous attirera l'aide de Dieu. La charité gagne à être communiquée, la conversation des personnes pieuses procure mille avantages, dont je n'oserais parler si je ne les avais éprouvées. Il est vrai que je suis la plus faible et la plus perverse de toutes les créatures; mais je pense que ceux-là mêmes qui sont forts ne perdront rien en s'humiliant, en ajoutant foi à ce que je sais par expérience. Quant à moi, je puis affirmer que si le Seigneur ne m'avait pas découvert la vérité, et mis en rapport continuel avec des gens accoutumés à l'oraison, tombant et me relevant sans cesse, j'aurais fini par me précipiter dans l'éternel séjour des peines. Beaucoup d'amis facilitaient mes chutes par leurs pernicieux conseils, j'étais seule pour me relever, et je suis toujours étonnée d'y être parvenue. J'en rends grâce à la miséricorde de Dieu, mon unique appui, toujours prêt à me donner la main; qu'il soit béni dans les siècles des siècles.

CHAPITRE IX.

Grands avantages que retira la sainte de la pratique de l'oraison.

Ce n'est pas sans raison que je me suis longuement étendue sur cette époque de ma vie; je reconnais que mes erreurs ne donneront à personne l'envie de m'imiter et je désire fermement que mes lecteurs aient horreur de moi, en voyant mon opiniâtreté dans le mal, et mon ingratitude envers un Dieu toujours bienfaisant. Je voudrais être autorisée à énumérer les péchés dont je me rendis alors coupable, faute de m'être appuyée contre cette solide colonne de l'oraison ; je passai près de vingt ans en chutes et rechutes, livrée aux tourments d'une vie orageuse. Je ne tenais aucun compte des péchés véniels, et tout en craignant les mortels, je n'avais pas toutefois la force d'éviter les périls ; je menais l'existence la plus pénible qu'on puisse imaginer, car je ne jouissais ni du plaisir de servir Dieu, ni de la satisfaction que donnent les amusements du siècle ; lorsque je m'abandonnais à ces derniers, j'étais troublée du souvenir de ce que je devais à Dieu, et lorsque je revenais au Seigneur, les idées mondaines me poursuivaient dans la retraite ; c'était une lutte si terrible, que j'ignore comment je l'ai pu soutenir durant tant d'années. Néanmoins, je vois clairement la grâce que Dieu m'a faite, à moi qui continuais à entretenir des relations avec le monde, de me donner le courage de pratiquer l'oraison ; je dis le courage, car il en fallait pour trahir ainsi son souverain maître, être convaincue qu'il connaissait l'état de mon âme, et ne pas cesser de le prier. Nous sommes toujours en la présence de Dieu ; mais ceux qui font oraison sont certains qu'il a les yeux sur eux, tandis que les autres passent souvent plusieurs jours sans se souvenir que Dieu les voit.

Malgré mes écarts, je restai parfois plusieurs mois, et même une année entière à m'adonner à l'oraison et à faire tous mes efforts pour ne pas offenser le Seigneur. Je le déclare avec la sincérité qui préside à la rédaction de ces mémoires ; mais que ces instants de conduite pieuse et régulière furent courts, comparativement à ceux que je consacrai à la dissipation ! cependant, à moins d'être malade ou très-occupée, j'employais toujours une grande partie de la journée à l'oraison ; mais c'était dans les maladies que je montrais le plus de dévouement à Dieu, et que, dans mes entretiens, je faisais le plus d'efforts pour encourager à son service ; je le priais de toucher le cœur des personnes avec lesquelles je conversais, et ne cessais de les exhorter.

Ainsi, sauf l'année entière dont j'ai parlé, depuis vingt-huit ans que j'ai commencé à pratiquer l'oraison, j'en ai passé dix-huit partagée entre Dieu et le monde. Pendant les dix autres années dont il me reste à entretenir mes lecteurs, la cause de mes luttes intérieures changea, sans qu'elles fussent moins violentes. Mais comme j'avais appris à connaître la vanité du monde, et que je faisais en sorte de servir Dieu, les peines les plus vives me semblaient pleines de douceur, et faciles à supporter.

Deux raisons m'ont déterminée à donner quelques idées sur ces fautes ; la première, c'est que j'ai voulu montrer comment j'avais mal répondu à la miséricorde divine ; la seconde, c'est que j'ai essayé de faire connaître quelle est l'utilité de l'oraison. Si ceux qu'il y dispose persévèrent malgré les tentations, les chutes, les erreurs où les entraîne la malice du démon, je ne doute pas que le Seigneur les conduise au port du salut. Un grand nombre de saints personnages ont écrit des traités sur l'oraison mentale, et Dieu en soit loué; s'ils n'en avaient point parlé, malgré mon peu d'humilité, je n'oserais en dire un seul mot.

Je puis affirmer, d'après ma propre expérience, que ceux qui ont commencé l'oraison ne la doivent pas abandonner quoiqu'ils s'en acquittent mal; elle deviendrait beaucoup plus difficile s'ils la suspendaient, et c'est uniquement en la continuant sans relâche qu'ils peuvent remédier à la manière imparfaite dont ils la pratiquent. Puisse le démon ne pas les tenter comme moi, et les y faire renoncer par humilité! qu'ils soient convaincus de la solidité des promesses de Dieu; qu'ils sachent que, s'ils se repentent sincèrement, s'ils prennent la ferme résolution de ne plus l'offenser, il aura de nouveau pour eux une tendresse paternelle, et leur accordera les mêmes grâces qu'auparavant; il les comble même de nouvelles faveurs, quand leur repentir le mérite.

Je conjure ceux qui n'ont pas commencé l'oraison de ne pas se priver d'un tel avantage. On peut la pratiquer non-seulement sans crainte, mais encore avec espérance de succès; elle vous apprend insensiblement le chemin du ciel, quand même on ferait peu de progrès et peu d'efforts pour mériter les joies et les consolations célestes. On doit attendre beaucoup d'une persévérance soutenue, car Dieu paye de retour ceux qui l'aiment, et l'oraison mentale n'est autre chose qu'un entretien mystique, dans lequel on se met en rapport avec Dieu, en se pénétrant bien de l'amour qu'il porte à ses créatures. L'immensité, l'infaillibilité de Dieu, la faiblesse, les vices de notre nature, ne permettent pas qu'on entretienne avec lui des liaisons durables, nous ne saurions jamais l'aimer assez. Mais en considérant combien il importe de nous mériter sa tendresse, nous devons ne tenir aucun compte de la peine que nous avons à établir une relation entre nous et celui qui nous est si supérieur.

O bonté infinie de mon Dieu! ces réflexions me sont applicables, et c'est ainsi que je vous vois moi-même. Lorsque j'y songe, ô mon roi, ô vous dont la contemplation fait la félicité des anges, je voudrais me consumer tout entière en amour! Vous souffrez sans doute d'être avec une créature imparfaite qui souffre lorsqu'elle cherche à s'unir à vous! quelle bienveillance vous daignez lui montrer, Seigneur, quand vous la soutenez; quand vous la consolez, quand vous la rapportez telle qu'elle est, en attendant qu'elle s'élève et se rapproche de vous en se purifiant! vous lui tenez compte, mon Dieu, de tous les instants où elle vous recherche, et un peu de repentir vous fait oublier ses offenses! Voilà ce que j'ai vu clairement par moi-même; et j'ignore comment tout le monde ne cherche pas à se lier intimement à vous. Les méchants, qui s'éloignent de vous, doivent s'en rapprocher pour devenir bons, et vous souffrez qu'ils conversent avec vous quelques heures par jour, quoique ce doux entretien soit troublé par des pensées et des distractions mondaines. L'oraison leur est plus pénible qu'à tous autres, surtout dans le commencement ; ils luttent sans cesse contre des idées étrangères ; mais, pour les récompenser de leurs efforts, vous amoindrissez les tentations qui les assiégent ; vous diminuez de jour en jour la puissance que le malin esprit s'est arrogée sur eux, et leur donnez les moyens de triompher enfin du démon. Ainsi, source éternelle de la vie, vous animez ceux qui mettent leur confiance en vous, de ceux qui aspirent à être aimés de vous ; et non content de soutenir leur force corporelle, vous augmentez celle de leur âme.

Je ne sais pourquoi l'on craint de commencer à pratiquer l'oraison mentale, et les vaines terreurs qui nous en détournent sont assurément l'œuvre du démon, qui nous empêche de songer à nos fautes, à nos obligations envers Dieu, aux souffrances auxquelles le Sauveur s'est soumis pour nous, aux peines et aux récompenses éternelles. Toutes ces choses étaient le sujet de ma méditation : j'avais fixé une heure de l'après-midi pour le moment de me mettre en oraison ; je l'attendais avec anxiété, j'écoutais attentivement sonner l'horloge ; mais sitôt que l'instant était venu de me retirer pour prier, j'éprouvais une peine équivalant au plus grand supplice. La répugnance que le démon m'inspirait pour l'oraison était si violente, qu'il me fallait tout mon courage pour la surmonter, et l'on prétend que Dieu m'en a donné un supérieur à celui de mon sexe. Toutefois, je parvenais à maîtriser la tristesse qui me saisissait aussitôt que j'entrais dans mon oratoire, et je demeurais tranquille et consolée. L'oraison a été l'unique remède à mes égarements, elle seule m'a fait trouver grâce aux yeux de Dieu ; je l'ai reconnue nécessaire, non-seulement à ceux qui le servent, mais encore à ceux qui l'outragent ; et quel homme, si méchant qu'il soit, peut craindre de la pratiquer, puisqu'en tout cas sa persistance dans le mal ne saurait être d'aussi longue durée que la mienne ! Qui donc manquerait de confiance, en voyant que Dieu a souffert si longtemps une pécheresse comme moi, simplement parce que je me ménageais un lieu de retraite et quelques instants de la journée pour m'entretenir avec lui ; et cela souvent contre ma propre volonté, et poussée invisiblement par une force qui venait de lui !

Si l'on trouve des inconvénients à l'oraison, il est certain qu'ils sont beaucoup moindres que ceux qu'il y aurait à ne pas la pratiquer ; pourquoi donc voit-on de véritables serviteurs de Dieu négliger ce pieux exercice ? Ne s'exposent-ils pas ainsi à sentir plus lourdement le fardeau des misères humaines, et à fermer la porte aux fureurs divines ? Ne sont-ils pas à plaindre de servir Dieu pour ainsi dire à leurs dépens et sans indemnité ? Il prodigue à ceux qui pratiquent l'oraison des consolations qui allégent toutes les peines et les rendent presque insensibles ; il leur procure des plaisirs dont je me propose de parler avec plus de détails, me contentant d'ajouter ici que je dois à l'oraison les principales grâces dont j'ai été comblée. C'est la seule porte par laquelle le Seigneur entre dans l'âme du chrétien qu'il veut consoler, et dont le commerce lui est agréable ; et pour qu'il consente à se communiquer à nous, il importe qu'il nous trouve purs, retirés dans la solitude, et pleins du désir de le recevoir. Comment viendrait-il à nous, si nous encombrons sa route d'obstacles, sans chercher à les écarter?

Mon exemple montrera à quel point il est avantageux de ne renoncer ni à l'oraison ni à la lecture, et comment Dieu regagne les âmes que tâche de lui faire perdre l'esprit des ténèbres. Je conjure mes lecteurs, au nom de l'amour qu'ils doivent avoir pour notre divin Sauveur, et de celui qu'il nous témoigne en nous ramenant sans cesse à lui; je les conjure, dis-je, de se garder surtout des occasions, d'autant plus à craindre que nous avons beaucoup d'ennemis à combattre et peu de force pour nous défendre.

Je ne saurais peindre la servitude de mon âme à cette époque de ma vie. Je sentais mes chaînes, mais sans pouvoir déterminer ce qui les avait formées, et ne pouvais croire que des fautes légères aux yeux de mes confesseurs fussent aussi grandes qu'elles me le paraissaient. L'un d'eux, à qui je confiai mes scrupules, me dit que les occasions de distraction et les fréquentations mondaines n'avaient pas le moindre inconvénient, bien que j'aspirasse à un état élevé de contemplation. Il me rassura ainsi au moment où, avec l'assistance de Dieu, je réformais par degrés ma conduite, en évitant ce qu'elle avait de plus dangereux. Comme on me voyait remplie de bonnes intentions et occupée de l'oraison, on s'imaginait que je faisais beaucoup; mais mon cœur sentait que j'étais loin de remplir mes obligations envers celui à qui je devais tant. Je commettais d'autant plus de fautes, que les conseils me manquaient; que personne ne m'indiquait la véritable route; que Dieu seul m'assistait; et qu'on me représentait comme licites des plaisirs et des passe-temps coupables.

Les sermons, loin de me guider, augmentaient mes tourments et mon incertitude. J'aimais à les entendre, et quand un prédicateur s'exprimait avec chaleur et éloquence, j'éprouvais involontairement de la sympathie pour lui. Il suffisait qu'un discours fût prononcé en chaire pour me paraître bon, malgré les critiques dont il était l'objet; et lorsqu'il était réellement bon, il me causait un vif plaisir. A partir du moment où j'ai pratiqué l'oraison, je ne me suis presque jamais lassée de parler de Dieu et d'en entendre parler; mais si, d'un côté, je puisais dans les sermons de grandes consolations, de l'autre, ils jetaient le trouble dans mon âme, en me faisant voir combien j'étais éloignée de la perfection. J'implorais l'assistance du Seigneur, mais j'avais le tort de ne pas mettre en lui toute ma confiance et d'en avoir encore en moi-même. Je me tourmentais; je cherchais des remèdes, sans réfléchir que tous mes soins n'aboutiraient à rien, si je persistais à me fier à mes propres forces. Je voulais vivre, et j'étais convaincue que je ne vivais pas, car était-ce vivre que de lutter incessamment? N'était-ce pas plutôt une espèce de mort. Je ne pouvais me donner cette vie spirituelle que je désirais; personne n'était en état de me la communiquer; et celui de qui seul je la devais attendre avait raison de me

VIE DE SAINTE THÉRÈSE.

la refuser, puisqu'il m'avait appelée à lui tant de fois et que tant de fois je l'avais abandonné.

CHAPITRE X.

Effet produit sur les résolutions de sainte Thérèse par une image de Jésus-Christ. Ses méditations. Avantage qu'elle tire de la lecture des Confessions de saint Augustin.

Mon âme était brisée, et cependant je ne renonçais pas à mes déplorables habitudes. Entrant un jour dans l'oratoire, j'y remarquai une image qu'on avait empruntée pour une cérémonie religieuse, et qui représentait Jésus-Christ couvert de plaies. Il y avait dans ce tableau un tel sentiment de piété, que je fus troublée à l'idée des supplices que Dieu avait endurés pour nous. Dans ma douleur d'avoir outragé cette auguste victime, mon cœur défaillit, et je tombai à genoux en versant des torrents de larmes, et en suppliant Jésus-Christ de me donner la force de ne plus l'offenser jamais.

J'avais une dévotion particulière à la glorieuse sainte Madeleine, et pensais bien des fois à sa conversion, surtout quand je communiais, parce qu'alors, certaine d'avoir en moi le Seigneur, je me mettais à ses pieds, sans que mes larmes cessassent de couler. Je ne savais ni ce que je disais ni ce que je faisais; cependant les pleurs que Dieu m'accordait de répandre étaient la marque d'un sentiment que malheureusement j'oubliais bientôt après. Je me recommandais à sainte Madeleine, et j'implorais son intercession. Ma dévotion à cette glorieuse sainte avait quelques avantages, mais rien ne me fut plus utile que la vue de cette image de Jésus-Christ qu'on avait déposée dans l'oratoire. Je n'en sortis point sans avoir adressé à Dieu une fervente prière, et, à partir de ce moment, je devins meilleure de jour en jour.

Mon mode d'oraison consistait à me représenter intérieurement Jésus-Christ, en choisissant les instants de sa vie où il était le plus seul, parce qu'il me semblait qu'étant abandonnée et en proie à la tristesse, il accueillerait plus volontiers une personne dénuée de secours. J'avais beaucoup de ces simplicités, et cherchais principalement à accompagner Jésus-Christ au jardin des Olives, où je le voyais gémir et suer le sang. J'aurais désiré pouvoir essuyer cette sueur douloureuse; mais je ne m'en croyais pas digne, quand je me rappelais la gravité de mes péchés. Je restais dans cette contemplation tant que d'autres pensées ne venaient pas m'en détourner.

Durant plusieurs années, et avant même d'avoir embrassé l'état monastique, lorsque je me recommandais à Dieu avant de m'endormir, je songeais toujours un peu à la prière que prononça le Christ au jardin des Olives, parce qu'on m'avait dit que c'était un moyen de gagner des pardons. Je commençai ainsi à pratiquer l'oraison à mon insu, et sans me rendre compte de ce que je faisais, et je n'y manquais pas plus, au moment de me coucher, qu'à faire le signe de la croix.

Comme je procédais toujours sans le secours de l'entendement, ne me préoccupant que du sentiment de l'amour de Dieu, et lui donnant tout mon cœur, tantôt je prenais un livre pour me recueillir; tantôt le sourire du Créateur m'était rappelé par la vue des champs, des eaux et des fleurs; mais mon intelligence était si grossière, qu'il m'était impossible d'arriver directement à la conception des choses célestes et immatérielles. Mon imagination paresseuse n'avait aucune action; il fallait que je visse les objets pour les comprendre; et je ne pouvais me les figurer comme font d'autres personnes, quand elles sont dans l'état de recueillement. Je pensais à Jésus-Christ en sa nature humaine, mais jamais autrement, j'étais comme une personne aveugle, ou plongée dans les ténèbres, qui s'entretient avec une autre de la présence de laquelle elle a conscience, sans parvenir à la voir.

J'avais un grand plaisir à considérer les images de Notre-Seigneur; malheureux ceux qui négligent de les contempler! il est évident qu'ils n'aiment point Jésus-Christ; car, s'ils l'aimaient, ils se complairaient à voir son portrait, comme celui d'un ami fidèle.

Vers ce temps-là, on me donna à lire les confessions de saint Augustin, que je ne connaissais pas, et qui tombèrent entre mes mains par une faveur spéciale du Seigneur. J'avais une estime et une affection profonde pour ce saint, pour plusieurs raisons puissantes. Le couvent séculier où j'avais débuté était de son ordre; saint Augustin avait été pécheur, et je tirais de grandes consolations de l'exemple des saints convertis à Dieu après l'avoir offensé, comptant sur leur intervention auprès de lui, et espérant qu'il pouvait me pardonner comme il leur avait pardonné. Cependant, comme je l'ai déjà dit, je me sentais abattre en songeant que leurs chutes avaient cessé aussitôt qu'ils avaient été appelés à Dieu, tandis que les miennes redoublaient. Je me ranimais à l'idée de l'amour de Dieu pour moi, et je n'ai jamais douté de sa miséricorde.

De quel étonnement me saisit, ô Seigneur, la résistance de mon âme au milieu de tant de noms célestes! Je suis pénétrée de crainte lorsque je réfléchis au peu que je pouvais par moi-même, et aux obstacles qui m'empêchaient de me donner entièrement à vous!

La lecture des Confessions de saint Augustin m'ouvrit les yeux; je me recommandai à lui; et en lisant sa conversion, et comment il entendit une voix mystérieuse dans un jardin, il me sembla que cette voix me parlait à moi-même. Je restai longtemps tout éplorée, triste et abattue à l'excès. Qu'une âme souffre pour s'immoler complètement, pour perdre le libre exercice de sa volonté! Que de tourments j'endurai, et comment ai-je pu vivre en cet état d'angoisses? Dieu soit loué de m'avoir donné une nouvelle vie pour me tirer d'un anéantissement pire que la mort! Dieu soit loué de m'avoir accordé des forces, d'avoir entendu mes cris, et pris mes larmes en pitié!

Insensiblement, je me complus davantage avec lui; je détournai les yeux des occasions dangereuses, pour être tout entière à la majesté divine. Je l'aimais assurément, mais sans comprendre aussi bien que je l'ai fait depuis, en quoi consiste le véritable amour de Dieu. Il me suffisait, au reste, d'être disposée à le servir, pour qu'il me témoignât sa suprême bienveillance; il m'inspirait rapidement ce désir de le recevoir qui coûte si cher en général; il me comblait de ses bontés, sans que je les lui demandasse, et me faisait la grâce de ne pas l'offenser et de me pardonner mes péchés. En les voyant si grands, je n'osais jamais désirer les consolations divines; et je trouvais que c'était assez qu'il daignât m'attirer à lui, quand il me reconnaissait incapable d'y aller de moi-même.

Une seule fois en ma vie, il me souvient d'avoir demandé des consolations, étant dans une grande sécheresse d'esprit; et à peine eus-je prononcé ma prière, que, confuse de me voir si peu d'humilité, je reçus par mon repentir même ce que j'avais osé demander. Ces sortes de supplications sont assurément permises, mais uniquement à ceux qui s'y sont disposés en cherchant de toutes leurs forces à se procurer la véritable dévotion, et sont déterminés d'avance à toutes les bonnes œuvres.

Les larmes que je versais étaient d'inutiles larmes de femme, puisqu'elles ne me servaient pas à obtenir ce que je désirais; cependant elles servirent à me mieux préparer à l'oraison, et, après les avoir répandues devant l'image de Jésus-Christ, je perdis dorénavant moins de temps à des choses qui pouvaient compromettre mon salut. Je ne renonçai pourtant pas entièrement à mes fautes, mais Dieu m'en éloignait, me secourait, continuait à m'accabler de grâces spirituelles, qui sont d'ordinaire le partage exclusif des plus purs et des plus vertueux.

CHAPITRE XI.

Utiles conseils de sainte Thérèse relativement à l'oraison. Dangers de la fausse humilité. Pourquoi elle a employé des réticences en racontant ses égarements. Elle excuse l'obscurité de ce qu'elle a à dire sur l'oraison.

En méditant ou en lisant, je me représentais Jésus-Christ, et arrivais parfois à un si vif sentiment de sa présence, que je ne pouvais douter qu'il fût au dedans de moi, ou que je fusse absorbée tout entière en lui. Ce n'était pas une vision, mais un acte de ce qu'on appelle, je crois, la théologie mystique. En cet état, l'âme est comme suspendue et hors d'elle-même. La volonté est tout amour; la mémoire est comme perdue, et l'entendement n'agit point, mais occupé de la grandeur de ce qu'il voit, reconnaissant l'impossibilité de le comprendre, au lieu de s'égarer en raisonnements inutiles, il demeure comme anéanti devant Dieu.

J'éprouvais un sentiment de tendresse indicible, qui n'est ni complétement sensuel, ni complétement spirituel, qui émane de nous sous quelque rapport, mais qui nous est accordé par le Seigneur. Si nous y contribuons, c'est en méditant sur notre bassesse, sur notre ingratitude envers Dieu, sur les bienfaits qu'il nous prodigue, sur les douleurs de sa passion, les afflictions de sa vie, la sublimité de ses œuvres, sa grandeur et son amour pour nous. On pense involontairement à toutes ces choses sans que la réflexion y prenne part, quand on a un véritable désir de s'améliorer. Si un peu d'amour se joint à ces idées, l'âme s'exalte, le cœur s'attendrit, les larmes viennent aux yeux; tantôt elles coulent comme par force, tantôt le Seigneur nous les fait répandre sans qu'il soit possible de les retenir. C'est un don précieux par lequel la majesté divine nous paye de notre ferveur, et c'est une consolation de verser des pleurs pour le Maître suprême; et je ne m'étonne point des jouissances infinies que l'âme y trouve. Elles peuvent se comparer à celles des bienheureux; car Dieu n'accordant à chacun d'eux qu'une félicité conforme à leurs mérites, chacun est satisfait de sa position relative, quoique les volontés du ciel soient encore plus inégalement réparties que celles dont les chrétiens sont gratifiés sur la terre. Quand, au commencement de la pratique de l'oraison, Dieu nous accorde d'être attendris jusqu'aux larmes, celles qu'on répand nous semblent une si douce récompense de nos efforts, que l'âme n'a plus rien à désirer; une seule de ces larmes, que nous ne versons pas sans l'assistance de Dieu, nous indemniserait de tous les tourments du monde. Quel bonheur peut être comparé à celui qu'elles nous procurent? Est-il un avantage plus inappréciable que celui d'avoir une preuve que nous satisfaisons Dieu? et ceux qui obtiennent le don des larmes ne doivent-ils pas en rendre grâces incessamment, puisqu'il les appelle par là dans sa maison paternelle, et les désigne pour entrer dans son royaume, à la condition de persévérer.

Il importe de ne pas s'inquiéter de faux mouvements d'humilité, comme ceux qui combattent en nous la conviction de recevoir les faveurs divines. N'hésitons pas à reconnaître qu'elles nous sont octroyées sans aucun mérite de notre part; car, si nous ne savions ce que nous recevons, nous ne serions pas porté s à aimer. Plus nous nous trouverons riches, avec la certitude de notre dénûment primitif, plus nous approchons de la perfection et de la véritable humilité. Une conduite contraire nous décourage, en nous persuadant que nous ne sommes pas capables de recevoir de grands bienfaits; et quand le Seigneur commence à nous en accorder, nous commençons à appréhender la vaine gloire. Croyons qu'il ajoutera aux marques de sa bonté la grâce de nous donner la force nécessaire pour résister aux embûches de l'esprit de ténèbres, pourvu que nous allions au-devant de Dieu avec un cœur sincère, sans songer à complaire aux hommes, mais uniquement avec le désir de lui être agréable. N'est-il pas évident que nous nous attachons à une personne, en raison du bien qu'elle nous a fait, et du souvenir que nous en avons? Or, nous tenons l'être de Dieu; il nous a tirés du néant; il conserve notre existence; il a souffert et il est mort pour nous; longtemps avant de nous avoir créés, il avait accompli son sacrifice pour chacun de ceux qui vivent aujourd'hui; il est non-seulement permis, mais encore méritoire de se souvenir de ces témoignages d'amour : pourquoi donc me serait-il défendu de revenir sans cesse sur cette idée, que je me plaisais aux consolations mondaines, et que je n'aime aujourd'hui qu'à m'entretenir du Seigneur? Rappelons-nous sans cesse la grâce qu'il nous a faite en changeant ainsi nos pensées; nous serons conduits forcément à l'aimer, et c'est en quoi consistent les avantages de l'oraison fondée sur l'humilité. Que sera-ce donc, si nous nous voyons honorés d'autres bienfaits pareils à ceux qu'ont reçus déjà quelques serviteurs de Dieu; si, par exemple, nous concevons du mépris pour le monde et pour nous-même? Les personnes que le Seigneur anime de ce pieux esprit ne sont-elles pas plus redevables à leur divin créancier, plus obligées à le servir, à reconnaître le néant des choses terrestres et les largesses du Seigneur, qu'une âme misérable, pauvre, et indigne comme la mienne? La moindre des grâces de Dieu me suffisait, la moindre des grâces de Dieu était même excessive pour moi, et il a daigné m'accorder des richesses que je n'aurais su désirer.

Ceux qui sont favorisés de Dieu ont besoin de nouveaux efforts pour le servir, car ils ne le sont qu'à la condition de n'être pas ingrats. S'ils n'usent pas bien des trésors qu'ils ont en leurs mains, et de l'état auquel ils sont parvenus, un changement survient qui les rend plus pauvres encore qu'auparavant, et la majesté divine transporte ses faveurs à ceux qui savent les employer pour eux-mêmes et pour les autres.

Il faut bien connaître qu'on est riche des libéralités de Dieu; autrement, comment les utiliserait-on? Vu la faiblesse de notre nature, il nous est impossible d'entreprendre de grandes choses, si nous n'avons l'appui du Seigneur; nous sommes si misérables, nous avons tant d'inclination pour les choses de la terre, que nous ne pourrions nous en détacher, si nous n'avions quelque avant-goût des félicités célestes. C'est par ses faveurs que le Seigneur nous rend la force que nous avions perdue par nos péchés. Nous ne serions pas totalement détachés du monde, nous ne cultiverions pas les vertus qui sont la base de la perfection, si nous ne réunissions à une foi vive et sincère quelque gage de l'amour que Dieu nous porte. Notre naturel est si indolent, que nous prêtons uniquement notre attention à ce qui frappe nos yeux, réveillés et fortifiés par les seules faveurs de Dieu. Peut-être, étant imparfaite, ai-je tort de juger les autres par moi-même; peut-être est-il des chrétiens auxquels la lumière de la foi suffit pour l'accomplissement d'œuvres irréprochables ; quant à moi, misérable créature, j'ai eu besoin de toute l'assistance du Seigneur. Des personnes plus parfaites que moi diront ce qui s'est passé en elles ; je rends compte de mes impressions, conformément à l'ordre de mes confesseurs ; et si je les ai mal exprimées, comme ils savent mieux que moi ce qui est mal, ils anéantiront mon ouvrage. Je les conjure cependant, au nom de Dieu, de publier ce que j'ai dit de mes péchés ; ils peuvent le faire dès à présent, de mon vivant même ; je le verrai avec une satisfaction sincère, et ne désire pas continuer à tromper plus longtemps ceux qui peuvent avoir bonne opinion de moi. Mais je n'accorde pas à mes confesseurs l'autorisation de faire paraître immédiatement ce que je vais écrire ; s'ils le divulguent, je souhaite que ce soit sans en nommer l'auteur. Avant de le rendre public, ils auront à examiner si mes réflexions peuvent être de quelque poids, et si, malgré mon ignorance et mon incapacité, le Seigneur m'a fait la grâce d'énoncer clairement mes pensées. Mes confesseurs, qui m'ont mis la plume à la main, savent seuls que je continue à écrire mes mémoires, et j'y travaille avec peine et à la dérobée, car je suis dans un couvent pauvre, accablée d'occupations, et le temps que je consacre à rédiger l'histoire de ma vie est autant de pris sur celui que j'emploie ordinairement à filer. Si Dieu m'avait donné plus d'habileté et de mémoire, je pourrais utiliser ce que j'ai entendu ; mais il m'est difficile de m'en souvenir. Le peu de bien qu'on trouvera dans cet écrit m'a été dicté par le Seigneur ; et quant à ce qu'il renferme de mal, il vient de moi seule, et je supplie mes confesseurs de le supprimer. Que cette narration soit bonne ou mauvaise, il serait en tout cas inutile de me nommer, car il ne faut pas révéler le bon côté d'une personne vivante ; et, quand elle est morte, les utiles leçons qu'elle a pu donner perdent de leur autorité, dès qu'on apprend qu'elles proviennent d'une créature faible et corrompue.

Ainsi, confiante dans le jugement de mes confesseurs, j'écrirai avec toute liberté. Sans cette confiance, j'hésiterais dans le récit de ma vie, et ne raconterais franchement que mes péchés, dont je consens à faire l'aveu sans aucun scrupule. Quant au reste, il me suffit d'être une faible femme pour n'avoir pas un essor hardi.

Voyez donc, ô mes confesseurs, qui m'avez engagée à parler des grâces de Dieu dans l'oraison, voyez donc ce que vous devez conserver de mon œuvre. Employez-la, si vous n'y voyez rien de contraire aux vérités de notre sainte foi catholique ; sinon, livrez-la aux flammes ; gardez-la, si elle est susceptible d'édifier les chrétiens ; ou détruisez-la, pour que le démon ne trouve pas des avantages où je comptais en trouver moi-même.

Quelque désir que j'aie d'expliquer clairement ce qui concerne l'oraison, les réflexions dont elle sera l'objet paraîtront nécessairement obscures à ceux qui ne la connaissent point par expérience. Je parlerai des obstacles qui me semblent s'y opposer, et des dangers qu'on y rencontre, non pas seulement d'après mon propre avis, mais d'après celui des personnages accomplis que j'ai consultés, et qui savent que je m'occupe de l'oraison depuis vingt-sept ans. Pendant cet intervalle, malgré mes écarts, Dieu m'a donné plus d'expérience qu'à d'autres, qui ont suivi la même voie durant trente-sept ou quarante-sept ans, avec un esprit continu de vertu et de pénitence; que Dieu soit béni, et m'emploie comme il l'entendra. Qu'il sache bien que je n'aspire qu'à le louer, qu'à lui témoigner ma reconnaissance! J'étais vile comme le fumier; il lui a plu de changer mon âme en un jardin diapré de fleurs odorantes; puissé-je ne pas les déraciner, ne jamais redevenir ce que j'étais!

CHAPITRE XII.

Dissertation sur l'oraison. — Ses rapports avec l'amour de Dieu. — Moyens d'arriver à se détacher du monde, quand on entreprend de la pratiquer. — Explication des quatre degrés de l'oraison. — Comment on peut éviter la richesse d'âme dans la pratique de l'oraison mentale.

Je vais parler maintenant de ceux qui sont esclaves de l'amour de Dieu, c'est-à-dire qui se déterminent à marcher dans le chemin de l'oraison, vers celui qui nous témoigne tant d'amour. L'oraison nous fait atteindre une hauteur, dont la pensée me remplit de joie, et nous débarrasse de prime abord de la crainte servile. O mon bien, ô Seigneur de mon âme, quand vous décidez une âme à vous aimer, quand elle travaille de son mieux à tout abandonner pour être à vous; pourquoi ne voulez-vous pas qu'elle s'élève tout de suite à l'amour parfait? Je me trompe; c'est de nous seuls que nous avons à nous plaindre, puisque nous ne nous hâtons pas de jouir des sublimes voluptés de l'oraison, et de posséder parfaitement ce véritable amour de Dieu, qui est la source de tous les biens. Nous sommes si rebelles, si lents à nous donner entièrement à Dieu, que nous ne nous disposons pas à acquérir un trésor d'assez grande valeur pour être acheté chèrement. Il n'y a pas sur la terre de bien comparable à ce sincère amour de Dieu; et il nous l'accorderait sans doute, si nous nous efforcions d'imiter les saints, de nous détacher des choses d'ici-bas, de tourner tous nos désirs vers le ciel, mais, quand nous croyons nous donner au Seigneur, nous lui payons, pour ainsi dire, la rente et les fruits, en conservant pour nous la propriété. Nous faisons vœu de pauvreté, vœu certainement méritoire; mais souvent nous nous tracassons pour nous procurer non-seulement le nécessaire, mais encore le superflu; pour nous concilier l'amitié de gens qui contribuent à notre fortune, plus travaillés par l'ambition, exposés à plus de périls, que lorsque nous avions la libre disposition de nos biens. Nous renonçons à l'honneur du monde en embrassant l'état monastique, en naissant à la vie spirituelle, en aspirant à la perfection ; et dès que l'on touche à notre honneur, nous ne nous souvenons plus que nous l'avons sacrifié à Dieu ; nous voulons en quelque sorte le lui arracher des mains, après avoir fait une abnégation complète de notre volonté.

C'est une singulière manière de rechercher l'amour de Dieu, que de conserver nos affections terrestres. Pouvons-nous prétendre à la fois accomplir nos pieux desseins, et ne pas nous détacher du monde ; viser aux consolations spirituelles, et demeurer enchaînés dans les liens de la matière ? Comme nous ne nous donnons pas entièrement, le trésor de l'amour ne nous est pas entièrement donné ; c'est un bonheur de le recevoir goutte à goutte, de l'acheter par des tourments, d'avoir le courage de le poursuivre, avec la certitude que Dieu ne le refuse jamais aux âmes persévérantes.

Or, un grand courage est nécessaire pour ne point s'arrêter dès les premiers pas ; le démon voit que vous lui échappez, que vous allez en entraîner d'autres dans votre conversion, et il emploie toute sa puissance à combattre vos résolutions. On ne va jamais seul au ciel, quand on s'efforce, avec l'assistance divine, d'atteindre le comble de la perfection ; mais Dieu vous donne une escorte, comme à un bon capitaine. Le malin esprit sait cela, et il sème les piéges sur votre route ; et vous rencontrez tant de périls et d'obstacles, que, si Dieu ne redouble de faveurs à votre égard, vous courez risque de retourner en arrière.

Je veux traiter des principes de l'oraison, et en énumérer les différents degrés. Les commencements surtout en sont pénibles ; mais les difficultés diminuent à mesure qu'on avance dans la carrière, et sont remplacées par des plaisirs qui augmentent à mesure qu'on passe par le premier, le second et le troisième degré, sans cependant qu'aucun d'eux soit exempt de croire. Ceux qui suivent Jésus-Christ doivent en imiter les souffrances et marcher dans le même chemin que lui, s'ils ne veulent s'égarer ; et ils sont payés outre mesure des bienheureuses fatigues de la vie.

Je vais me servir d'une comparaison, qu'on excusera, je l'espère, d'abord parce que je suis femme, ensuite parce que j'écris avec simplicité, et pour me conformer à l'ordre de mes confesseurs. Le langage de l'esprit est si difficile pour ceux qui, comme moi, n'ont pas reçu d'instruction, que je suis obligée d'avoir recours à des faux-fuyants, et de risquer une similitude qui peut-être fera rire à mes dépens. Je l'ai lue ou entendue, sans savoir où, ni à quel propos, car ma mémoire est mauvaise ; mais elle peut servir à faire comprendre ma pensée.

Au début de l'oraison, on doit se figurer qu'on établit un jardin pour l'agrément du Seigneur, dans une serre infertile et encombrée de plantes parasites. Dieu lui-même arrache les mauvaises herbes, et en fait croître de bonnes ; et ce travail est opéré, aussitôt que l'âme est bien sincèrement pénétrée de la résolution de pratiquer l'oraison. Pareils à de bons jardiniers, nous donnons tous nos soins aux plantes qui viennent de naître ; nous les cultivons assidûment, nous veillons à ce qu'elles ne périssent pas, à ce qu'elles produisent des fleurs odorantes. Le Seigneur sourit à nos travaux, et daigne visiter ce jardin, où croissent et se développent les vertus.

Voyons maintenant comment nous pouvons le cultiver ; ce que nous avons à y faire ; les peines qu'il doit nous coûter ; les avantages équivalents ou supérieurs que nous sommes en droit d'espérer ; et la durée de la culture.

On arrose un jardin de quatre manières différentes : ou en tirant de l'eau d'un puits, ce qui est très-pénible ; ou avec une machine à chapelet mise en mouvement par le moyen d'une roue, ce qui fournit plus d'eau sans une aussi grande dépense de forces ; en troisième lieu, il peut être arrosé par un ruisseau ou par des rigoles, qui baignent abondamment la terre, et épargnent beaucoup de fatigues au cultivateur. Enfin, l'arrosement par la pluie qui tombe du ciel est sans contredit le meilleur de tous.

Appliquons maintenant cette comparaison à notre sujet, et qu'on me pardonne la singularité de mes pensées. Ceux qui débutent dans l'oraison ressemblent aux jardiniers qui tirent l'eau d'un puits à force de bras. Ils s'épuisent à recueillir leurs pensées, accoutumés à errer à l'aventure. Ils ont besoin de s'habituer à ne rien voir, à ne rien entendre qui puisse les distraire, et à réfléchir sur leur vie passée, seuls et retirés pendant les heures de l'oraison.

Les premiers moments sont les plus difficiles ; on n'est pas sûr d'avoir un véritable repentir de ses péchés, une ferme résolution de servir Dieu. Il faut avoir soin de méditer sur la vie de Jésus-Christ, mais nous ne pouvons le faire sans lassitude, et assurer la continuité de nos bonnes pensées, si Dieu ne vient à notre aide. C'est l'époque où nous tirons l'eau à force de bras, et plaise à Dieu que nous en trouvions assez pour arroser les fleurs naissantes ! Telle est la bonté divine que, si, pour des raisons connues de Dieu seul et pour notre avantage peut-être, le puits se trouve être à sec, au moment où nous y travaillons en actifs jardiniers, il nourrit les fleurs sans eau, et fait croître les vertus. J'entends ici par eau, les larmes que nous versons, et, à leur défaut, l'amour et les sentiments intérieurs de dévotion.

Mais que fera celui qui voit persister longtemps la sécheresse et les dégoûts ? Que fera celui qui, par découragement, renoncerait à arroser, s'il ne craignait de perdre tout le fruit de ses peines, s'il ne se souvenait qu'il s'agit de plaire et d'être utile au seigneur du jardin ? Cent fois il a descendu le seau dans le puits, et cent fois il l'en a retiré vide ; en vain ses bras se fatiguent ; en vain son esprit s'efforce de recueillir les bonnes pensées. Que fera-t-il dans cet excès de détresse ? Il s'applaudira, il se consolera, il regardera comme une faveur de travailler au jardin du roi suprême ; il saura qu'il le contente, renonçant aisément à sa propre satisfaction ; il rendra grâce à celui qui lui donne de la confiance, et aux recommandations duquel il obéit sans attendre de salaire immédiat. Un pêcheur hésiterait-il à porter la croix, quand Dieu lui-même l'a portée durant le cours de sa vie mortelle, n'a pas cherché à établir un royaume ici-bas, et n'a jamais renoncé à l'oraison ? Quand même la sécheresse d'âme l'affligerait, devrait-il se laisser abattre sous le poids de la croix? Un temps viendra où le chrétien persévérant sera dédommagé de toutes ses peines, car il a un maître juste et bon. Que le fidèle serviteur ne tienne pas compte des mauvaises pensées; qu'il songe qu'elles poursuivaient saint Jérôme même au fond du désert. Les pénibles efforts finissent par être récompensés; et moi qui ai souffert tant d'années, je croyais recevoir une grande faveur quand je tirais une seule goutte d'eau du puits bienheureux. Certes les angoisses d'un nouveau converti sont cruelles; elles surpassent, ce me semble, tous les autres tourments du monde; mais j'ai reconnu que le Seigneur ne les laissait point sans indemnité, même dans cette vie. Une heure des grâces dont il a daigné me gratifier depuis m'a dédommagée amplement des longues souffrances que j'avais endurée pour me soutenir dans l'oraison.

Au commencement et même dans la suite de cette pieuse pratique, Dieu nous envoie des tourments et des tentations, afin d'éprouver notre amour pour lui, afin de savoir si nous sommes capables de boire le calice, et de l'aider à porter la croix, avant de nous faire part de ses plus grands trésors. Il agit pour notre bien, pour nous faire comprendre le peu que nous sommes, pour nous montrer notre misère et la grandeur de ses grâces, pour nous éviter le sort de l'ange rebelle.

Que faites-vous, Seigneur, qui ne soit pour le plus grand bien de l'âme, quand vous voyez qu'elle vous appartient, qu'elle se met en votre pouvoir, qu'elle veut vous suivre jusqu'à la mort de la croix, qu'elle est décidée à vous aider à en porter le fardeau, et à ne pas vous abandonner? On n'a plus aucun sujet de crainte, quand on a formé de pareils projets; on n'a plus aucun sujet d'affliction, quand on est parvenu à fuir les divertissements du monde, et à n'avoir d'autre désir que celui de s'entretenir avec Dieu; le plus difficile est fait, et nous en devons louer le Seigneur, et nous fier en sa bonté, qui ne manque jamais à ses fidèles et bien-aimés serviteurs. Ne disons pas : « Pourquoi donne-t-il à celui-ci plus de ferveur en quelques jours, qu'à moi en l'espace de tant d'années? » Croyons qu'il ne se propose que notre bien; que sa divine majesté nous guide, puisque nous sommes à elle, et non plus à nous-mêmes. Il nous accorde une grande faveur, en nous permettant de travailler dans son jardin, où il est avec nous. Qu'importe que les plantes et les fleurs y croissent, les unes sans eau, les autres péniblement arrosées? Faites ce que vous voudrez, Seigneur, pourvu que je ne vous offense pas, pourvu que je ne perde pas le peu de vertus que vous m'avez données. Je désire souffrir, puisque vous avez souffert; accomplissez en moi votre volonté de toutes manières; et ne permettez pas qu'un trésor aussi précieux que votre amour soit donné à ceux qui vous servent sans un véritable sentiment d'abnégation.

Il est à remarquer, et j'ai reconnu par moi-même, qu'une âme, en commençant à marcher avec résolution dans cette voie de l'oraison mentale, ne doit pas craindre de retourner en arrière, malgré ses hésitations passagères. L'édifice qu'elle élève est assis sur des fondements inébranlables. L'amour de Dieu ne consiste pas dans les larmes, dans les consolations et les transports de tendresse qu'il nous fait éprouver, et que nous désirons parce qu'ils nous consolent. Servir le Seigneur avec justice, avec courage, avec humilité ; voilà la base réelle de l'amour de Dieu. Sans elle, on reçoit toujours, et on ne donne jamais.

Il convient que Dieu soulage par des consolations les femmes faibles et fragiles comme moi, qui n'aurais pu, sans son secours, supporter les épreuves qu'il lui a plu de m'envoyer ; mais les hommes d'esprit et de science n'ont pas besoin de recevoir de lui des encouragements, et je les entends avec peine se plaindre d'en manquer. Si Dieu leur en donne, je ne prétends pas qu'ils les refusent ; mais pourquoi se désoleraient-ils de n'en pas avoir ? ne doivent-ils pas demeurer convaincus que le Seigneur ne leur accorde pas de consolation, uniquement parce qu'il ne le juge pas nécessaire ? Qu'ils se rassurent ; qu'ils soient maîtres d'eux-mêmes, et reconnaissent avec moi que l'inquiétude d'esprit est le fait des âmes coupables, faibles et imparfaites.

Ces réflexions s'adressent moins aux personnes qui débutent dans l'oraison qu'à celles qui n'y avancent point. Leur peu de progrès vient de ce qu'elles n'embrassent pas la croix dès le principe. Elles s'imaginent ne rien faire, et tombent dans l'affliction ; elles ne peuvent s'accoutumer à renoncer aux opérations de l'entendement, et ne comprennent pas que c'est seulement quand ces opérations sont suspendues que la volonté se fortifie. Ce qui leur paraît une faute n'en est pas une aux yeux de Dieu, qui connaît mieux que nous notre bassesse, notre misère, et se contente du désir qu'on lui manifeste de l'aimer, et de penser toujours à lui. Ce désir est la seule chose qu'il exige, et les vaines afflictions ne servent qu'à nous inquiéter, et à prolonger les heures pendant lesquelles nous sommes incapables de méditation.

J'ai reconnu, tant par moi-même que par mes conversations avec des personnes pieuses, le fait que je vais avancer. Notre manque de ferveur vient très-souvent d'une indisposition corporelle. Nous sommes si misérables, que cette pauvre âme, enfermée dans une prison de chair, participe aux douleurs du corps. Les changements de temps, le mouvement des humeurs font qu'elle ne peut accomplir sa volonté, et qu'elle souffre sans remède. Plus on veut la contraindre, plus le mal augmente en force et en durée. Il faut savoir discerner les instants où l'âme est dans ces dispositions, et ne pas l'accabler inutilement. Il faut se regarder comme malade, changer les heures de l'oraison, même pendant plusieurs jours de suite, laisser passer comme l'on peut cet abattement si pénible pour une âme pénétrée de l'amour de Dieu, et qui se sent logée dans cette mauvaise hôtellerie du corps.

Si le discernement est nécessaire, c'est que souvent le démon, et non la faiblesse du corps, s'oppose à la pratique de l'oraison. On doit éviter de se tourmenter sans succès ; mais on doit aussi ne pas abandonner l'oraison dès les moindres distractions.

Quand nos dispositions sont contraires à l'oraison, nous pouvons avoir recours à des pratiques extérieures, à la lecture, aux œuvres de charité. Si nous en sommes incapables, obéissons à notre corps pour l'amour de Dieu, afin de mettre notre âme à même de le servir. Cherchons une distraction dans de saintes conversations, ou dans des promenades aux champs, d'après l'avis de notre confesseur, et celui de l'expérience. On sert Dieu en tout état; son joug est toujours doux, et c'est une importante affaire, de ne pas entraîner l'âme par la violence, et de la conduire au contraire avec douceur, par son plus grand avantage.

Je le répète encore; ne nous affligeons ni du défaut de ferveur, ni des inquiétudes, ni des distractions. Pour gagner la liberté d'esprit, et ne pas aller de tribulations en tribulations, commençons par ne pas craindre de porter la croix. Nous verrons alors le Seigneur en alléger pour nous le poids; nous serons satisfaits, et tirerons avantage de toute situation d'esprit. Pour revenir à la comparaison que j'ai employée, nous ne pouvons tirer de l'eau du puits s'il est à sec; mais tâchons au moins d'en faire venir le peu qui s'y trouve, car c'est elle que Dieu emploie pour faire croître et développer les vertus.

CHAPITRE XIII.

Sainte Thérèse donne de nouvelles explications sur l'oraison mentale.

Tout en faisant des digressions qui m'ont paru très-nécessaires, j'ai voulu, dans le précédent chapitre, montrer ce que nous pourrions acquérir, et les effets fructueux qu'il nous était possible de faire dans les premiers exercices de dévotion. L'étude de ce que Notre-Seigneur a souffert pour nous, nous porte à la compassion, nous cause une poignante douleur, nous arrache des larmes. Mais en songeant à la gloire qui nous est réservée, à l'amour que Dieu nous témoigne, à sa résurrection, nous éprouvons une vertueuse joie, non moins méritoire que nos peines; qui n'est ni complétement spirituelle, ni complétement matérielle : tout, joie et peine, nous excite à la dévotion; mais, si Dieu nous la donne, nous ne pouvons ni l'acquérir, ni la mériter. C'est un bien pour l'âme qu'il ne l'élève pas tout d'abord à un degré de perfection, dont elle pourrait s'enorgueillir : elle doit se contenter d'être résolue à tout entreprendre pour Dieu, et à croître en amour et en vertu. Elle peut se représenter Jésus-Christ ; s'accoutumer à méditer sur sa divine humanité ; s'entretenir de lui ; l'avoir sans cesse devant les yeux ; l'implorer dans ses besoins ; lui exposer ses tribulations ; se réjouir avec lui, et ne pas l'oublier dans la prospérité ; le tout, sans employer les prières étudiées, mais en appropriant ses paroles à ses désirs et aux nécessités du moment. C'est un excellent moyen d'avancer en peu de temps dans la piété, et je tiens pour déjà accompli quiconque travaille à vivre dans la précieuse société de Jésus-Christ, en ressent les charmes, et conçoit un véritable amour pour le Seigneur, auquel nous devons tant. Peu importe de n'avoir pas toute la dévotion possible, pourvu que l'on se rendre agréable à Dieu, que l'on ne cesse de vouloir le satisfaire ; c'est assez, quand même nos œuvres seraient insuffisantes.

La contemplation de Jésus-Christ est utile dans tous les états, mais surtout dans le premier degré de l'oraison mentale ; elle nous fait passer promptement au second degré, puis aux suivants, et nous met à l'abri des dangers auxquels nous sommes exposés.

Voilà ce que nous pouvons ; chercher à passer outre, aspirer à un état de dévotion supérieur à celui-ci, c'est, à mon avis, perdre l'un et l'autre. Cet état supérieur est surnaturel ; l'entendement n'est pas apte à le procurer, et l'âme, dans ses vains efforts, demeure sans soutien et sans énergie. Comme l'édifice de l'oraison est fondé sur l'humilité, plus nous nous attachons à Dieu, plus il devient nécessaire de pratiquer cette vertu : autrement tout va se perdre. Il y a une espèce d'orgueil à vouloir nous élever davantage, puisque Dieu fait déjà beaucoup pour nous, en nous attirant auprès de lui ; je n'entends point par s'élever davantage, avoir de hautes pensées du ciel, de Dieu, de sa sagesse, de ses grandeurs ; je ne les ai jamais eues ; je n'en avais pas la puissance, étant si dégradée, que, sans l'assistance de Dieu, j'aurais à peine pu penser aux choses de la terre. Mes réflexions ne me concernent pas, mais elles pourront être utiles à d'autres, surtout à ceux qui possèdent la science, trésor précieux dans les exercices de piété lorsqu'il est accompagné d'humilité. J'ai vu tout récemment des savants se mettre à pratiquer l'oraison, et y faire les plus rapides progrès ; aussi ai-je un vif désir que les gens instruits s'occupent d'exercices spirituels.

Dans la théologie mystique, Dieu suspend les opérations de l'intelligence humaine. J'ai dit que nous devions ne plus aspirer plus haut, après avoir atteint le premier degré de l'oraison, parce que le Seigneur se charge seul de nous élever, sans la participation de notre entendement. Ce n'est pas à nous toutefois à en arrêter l'action, car nous demeurerions ineptes et hébétés. Mais quand le Seigneur la suspend lui-même, il emplit notre âme de clartés qui nous confondent ; et, dans l'espace d'un *credo*, sans réfléchir, sans raisonner, nous saisissons plus de choses que nous n'en avons compris pendant de longues années avec toutes nos études terrestres.

C'est une folie de se croire maître d'occuper les puissances de l'âme, ou de les tenir dans l'inertie, c'est manquer d'humilité, et, sinon pécher, du moins se donner une peine inutile, qui ne laisse après elle qu'un profond dégoût. On ressemble à un homme qui a pris son élan pour sauter, et qui, retenu par-derrière, voit qu'il a dépensé ses forces sans arriver au but qu'il désirait atteindre. Le défaut d'humilité que j'ai signalé se reconnaît aisément, car cette excellente vertu, lorsqu'elle accompagne une de nos œuvres, n'engendre aucune espèce de dégoût. Peut-être suis-je seule à bien entendre ce que je viens d'énoncer; puisse le Seigneur ouvrir les yeux de ceux qui me liront, et pour peu qu'il leur donne d'expérience, ils me comprendront promptement.

Pendant plusieurs années, je lisais souvent sans comprendre, et je ne saurais employer des paroles assez précises pour expliquer aux autres ce que Dieu m'enseignait. J'en ai éprouvé bien des tourments; mais, quand la divine majesté le veut, elle nous éclaire subitement d'une manière dont je suis stupéfaite. Je recherchais la conversation de beaucoup de personnes pieuses, qui tâchaient de m'aider à exprimer les grâces que Dieu me faisait; mais telle était la torpeur de mon esprit, que toutes leurs tentatives échouaient. Le Seigneur a toujours voulu me servir de maître; je l'en bénis, et je le confesse à ma grande confusion; il m'a seul dirigée, afin que je n'eusse à remercier que lui; et, sans le vouloir, sans le demander, n'ayant désiré que des choses vaines, et non pas ce qu'il eût été bon de désirer, j'ai reçu du Ciel une intelligence et une facilité d'expression qui ont étonné mes confesseurs, et plus encore moi-même, convaincue comme je l'étais de mon incapacité. Il y a peu de temps que ces dons m'ont été accordés, et depuis, je ne fais aucun effort pour apprendre ce que le Seigneur ne m'a pas enseigné, sauf en ce qui concerne ma conscience.

Je conseille de nouveau de ne pas chercher à élever son esprit, quand Dieu lui-même ne l'élève pas; il est aisé de s'apercevoir de l'impulsion qu'il lui donne. Les femmes, trompées par de vaines illusions, sont plus sujettes que les hommes à s'égarer en voulant élever leurs pensées. Je suis d'ailleurs convaincue que Dieu ne laisse pas en péril ceux qui s'approchent de lui avec humilité, et que les pièges dans lesquels le démon tâchent de les faire tomber, tournent au contraire à leur avantage.

Je me suis étendue sur ce sujet, dans la persuasion qu'il est important; j'ai voulu guider ceux qui mettent le pied sur le chemin de l'oraison. D'autres en ont beaucoup mieux écrit, je l'avoue, et je n'en ai point discouru sans un embarras et une confusion moins grands toutefois qu'ils devraient l'être. Dieu soit loué de souffrir qu'une pauvre créature comme moi parle des choses sublimes qui le concernent.

CHAPITRE XIV.

Sainte Thérèse continua à s'occuper du premier degré de l'oraison. — Conseils pour se préserver des tentations. — Nécessité de converser avec des gens éclairés, et de choisir un bon directeur.

Ayant vu et éprouvé quelques-unes des tentations qui menacent les fidèles, à leur début dans l'oraison, je crois devoir donner à ce propos des avis qui me semblent nécessaires. On doit marcher dès le principe avec joie et liberté; on se trompe en croyant que ces dispositions de l'âme ne s'accordent pas avec la dévotion. Il est bon également de se craindre soi-même, et de n'avoir ni trop ni trop peu de confiance, afin de ne pas s'engager dans les occasions qui nous font habituellement offenser Dieu. C'est une chose nécessaire, jusqu'à ce qu'on soit inébranlable dans la vertu. Mais peu de personnes sont assez affermies pour ne pas s'égarer dans les occasions qui flattent leurs penchants. La pratique de l'humilité, l'étude de notre misérable nature, nous sont indispensables pendant toute la durée de notre vie.

Il est permis de prendre quelques distractions, pour revenir ensuite à l'oraison avec plus d'énergie; mais il faut en tout agir discrètement, et avoir une grande confiance en Dieu. Notre ardeur diminuerait, si nous n'avions la certitude d'arriver, lentement à la vérité, au point où tant de saints sont parvenus avec la protection divine. Si l'on ne tend pas vers ce but, si l'on n'agit pas pour l'atteindre peu à peu, on ne le touchera jamais. Dieu aime les âmes courageuses, quand elles sont en même temps humbles et exemptes de présomption. Je n'en ai jamais vu demeurer en arrière dans les exercices de piété, et ils faisaient vite autant de chemin que les âmes humbles, mais lâches, en un grand nombre d'années. Je suis tout étonnée de la rapidité avec laquelle on avance, quand on s'enhardit aux grandes choses. L'âme prend des forces, et s'élève d'un essor rapide, quoique, pareille à un petit oiseau dont les plumes sont faibles encore, elle soit obligée de se reposer parfois.

Je méditais souvent ce que dit saint Paul : « Tout est possible avec l'aide de Dieu, » et je reconnaissais bien que je ne pouvais rien par moi-même. Je profitai aussi de ces paroles de saint Augustin : « Seigneur, donnez-moi d'accomplir ce que vous m'ordonnez, et ordonnez-moi ce que vous voudrez. » Je me représentais que saint Pierre avait marché sans péril sur la mer, bien qu'il eût éprouvé des mouvements de crainte. Ces premières résolutions sont importantes; cependant on ne doit agir qu'avec retenue, avec discrétion, et d'après l'avis d'un directeur; mais il faut le choisir tel, qu'il entretienne notre humilité, et nous rappelle que Dieu seul est le principe de nos forces.

Il est essentiel que cette humilité soit nettement définie, car la fausse idée qu'il y a de l'orgueil à vouloir imiter les saints, nuit à celui qui commence à pratiquer l'oraison. Sans doute il est plus facile de les admirer que de les imiter. Nous ne saurions comme eux nous vouer à de rigoureuses pénitences, nous retirer au désert, et y vivre dans un état de jeûne presque continu; mais nous pouvons, avec le secours de Dieu, concevoir un grand mépris du monde, et vaincre notre amour des richesses et de l'honneur. Malheureusement nous sommes si préoccupés des choses matérielles, qu'il nous semble que la terre nous manque, quand nous essayons d'oublier un moment le cœur pour l'esprit. Nous nous figurons qu'il faut que tous nos besoins soient complétement satisfaits, pour que la pensée n'en trouble point notre recueillement, et tout en nous inquiétant de bagatelles, nous croyons avoir atteint un haut degré de spiritualité. Ainsi voulant satisfaire à la fois le corps et l'âme, pourvoir à tous les besoins de l'un, et amener l'autre à la jouissance de Dieu, nous avançons lentement, sans acquérir une pleine liberté d'esprit. Cette route peut convenir aux personnes mariées, mais je doute qu'elle doive être suivie par celles qui ont une autre vocation. Pourtant je n'en aurais jamais pris d'autre, si Dieu, dans sa bonté, ne m'eût fait connaître mon erreur.

J'ai voulu longtemps pratiquer l'oraison, et vivre en même temps dans la dissipation. Je crois que si l'on m'eût avertie de mon égarement, j'aurais réalisé mes désirs de piété; mais, pour nos péchés, il y a si peu de personnes propres à vous donner sans réserve un avis salutaire, que le défaut de direction solide empêche les néophytes d'arriver promptement à la perfection.

Nous pourrions imiter les saints en cherchant la solitude, le silence, et beaucoup d'autres vertus, qui ne tueraient point ce misérable corps dont nous prenons tant de soin. Mais nous sommes excités par le mauvais esprit à concevoir des alarmes pour notre santé, à craindre les suites des austérités, à préférer le bien-être matériel aux avantages spirituels que nous retirerions des exercices pieux. Faible et malade comme je l'ai toujours été, je n'ai pu arriver à rien, avant d'avoir pris le parti de ne faire aucun cas de mon corps. Sitôt que la grâce divine m'eut éclairée sur les artifices du démon, lorsqu'il me présentait comme imminente la perte de ma santé, je lui répondais : « Peu m'importe de mourir. » Lorsqu'il me conseillait le repos, je lui disais : « Mon seul repos est de porter la croix. » J'ai vu clairement que ma lâcheté et les tentations augmentaient les effets de ma mauvaise santé; car elle est beaucoup meilleure, depuis que j'en prends moins de soin. Ceux qui débutent dans l'oraison doivent donc s'en rapporter à mon expérience, et ne pas trop s'inquiéter de l'état de leur corps.

Il est un dangereux désir, qu'on éprouve après avoir tenté le soulagement et les avantages de l'oraison; on voudrait travailler à inspirer à tous le goût de la piété et de l'oraison, et ceux auxquels on s'adresse, vous en entendant vanter les célestes consolations, et voyant en même temps votre propre imperfection, tombent dans une funeste incertitude, de sorte que le démon semble s'aider de nos vertus pour autoriser autant que possible le mal qu'il médite. Nos conseils sont pernicieux, quand nos actions n'y répondent pas, surtout dans une communauté. Aussi n'y a-t-il eu, dans l'espace de plusieurs années, que trois personnes qui aient profité de ce que je leur disais; mais depuis que le Seigneur m'a donné plus de forces dans la vertu, mes exhortations ont été utiles à beaucoup d'autres religieuses.

Un grand inconvénient de ces conseils, c'est encore que l'âme perd en se communiquant. Au commencement des exercices de piété, nous avons assez de peine à nous occuper de nous-mêmes, sans veiller au salut d'autrui, et il est bon de nous considérer d'abord comme seuls sur la terre avec Dieu. Il ne faut pas non plus se trop affliger des péchés qu'on observe chez les autres, ce qui trouble notre oraison, et nous cause un préjudice d'autant plus grand, que nous croyons agir par vertu et par amour de Dieu. Le plus sûr est de se détacher de tout et de tous pendant quelque temps, et de ne songer qu'à satisfaire le Seigneur; et je n'en finirais pas si j'énumérais les fautes que j'ai vu commettre pour avoir voulu adopter une conduite opposée. Nous devons toujours admirer les vertus et les qualités que nous voyons dans les autres, mais ne remarquer leurs péchés que pour nous faire rougir des nôtres. C'est le moyen, non pas d'arriver à la perfection, mais du moins d'acquérir une vertueuse humilité, par la pensée qu'il n'est pas de chrétien qui ne soit meilleur que nous.

Dans la pratique de l'oraison, l'assistance de Dieu nous est indispensable, et elle ne nous manque jamais, si nous travaillons avec ardeur à nous améliorer. Les efforts que demande ce travail sont faciles à ceux qui raisonnent, et savent trouver en toute chose une source de réflexions. Quant aux personnes qui, comme moi, ne tirent aucun parti de leur entendement, elles n'ont qu'à attendre patiemment que le Seigneur les éclaire, puisque l'intelligence les gêne au lieu de les servir.

Pour revenir aux gens capables de raisonner, qu'ils aient soin de ne pas consacrer tout leur temps à exercer leur entendement. Sans fatiguer leur esprit, sans tirer de nombreuses conséquences de la même pensée, ils n'ont qu'à se représenter Jésus-Christ, lui parler, jouir de sa présence, l'entretenir de leurs besoins, de leur indignité, en s'occupant tantôt d'une idée, tantôt d'une autre, afin que l'âme n'éprouve pas de dégoût en savourant sans cesse les mêmes mets. Si elle use alternativement de ceux qui lui sont offerts, elle en tirera de grands avantages, qui alimenteront la vie spirituelle.

Je veux m'expliquer davantage, parce que tout ce qui concerne l'oraison est difficile à concevoir, et serait mal interprété si l'on avait un maître. Je désirerais cependant abréger; et pour être entendue de ceux qui m'ont ordonné d'écrire sur l'oraison, il suffit d'en toucher les points essentiels; mais mon incapacité ne peut faire comprendre en peu de paroles ce qu'il est si important d'éclaircir. Comme j'ai beaucoup souffert dans les commencements, j'ai compassion de ceux qui entreprennent de faire oraison avec le secours seul des livres; il est étrange qu'il y ait tant de différence entre les fruits qu'on en recueille et ceux de l'expérience.

J'ai recommandé de se représenter Jésus-Christ. Choisissons un moment de sa vie, de sa passion, par exemple celui où il fut attaché à la colonne pour subir l'ignominieux supplice de la flagellation. Que l'intelligence travaille à se figurer les souffrances du Sauveur, et en fasse un sujet de méditation. Cette manière d'oraison est excellente pour tous; cependant quelques-uns sont plus vivement impressionnés par d'autres idées que celle de la passion; car ainsi qu'il y a plusieurs demeures dans le ciel, il y a plusieurs chemins pour y parvenir. Les uns considèrent les récompenses éternelles, les autres les châtiments de l'enfer. D'autres encore, dont l'âme souffrirait trop cruellement au souvenir de la passion, s'appliquent à contempler la grandeur de Dieu, la puissance qu'il manifeste dans les créatures, l'amour qu'il a pour nous, et qui se montre en toute occasion.

Il importe d'avoir pour guide un directeur expérimenté. Il peut nous induire en erreur, s'il n'est pas capable de nous conduire, parce qu'il nous empêche en même temps de nous conduire nous-mêmes, et que l'obéissance dont nous nous faisons un devoir nous ôte la force de manquer à ses injonctions. J'ai vu avec chagrin des personnes accablées de tourments faute d'avoir un bon conseiller; l'une d'elles surtout ne savait plus que devenir. L'ignorance d'un directeur afflige à la fois l'âme et le corps, et met obstacle à tout progrès. Il faut donc que l'ecclésiastique dont on fait choix soit prudent, éclairé, et même, s'il est possible, qu'il réunisse la science à la sagesse et à l'expérience. Je rends grâces à Dieu, et les femmes et les personnes ignorantes devraient le remercier sans cesse de ce que certains hommes ont acquis à force de travaux la connaissance de vérités qui nous sont inconnues. Soyez béni, Seigneur, qui m'avez créée si incapable et si inutile; mais qui avez éclairé tant d'autres chrétiens dont la voix nous tire de notre sommeil. Nous devrions toujours prier pour eux, car ils nous communiquent la lumière. Sans eux que deviendrions-nous, au milieu des violentes tempêtes qui ébranlent l'Église? Si quelques-uns se sont perdus, ils répandent par leur chute un nouvel éclat sur les bons. Qu'il vous plaise, Seigneur, de tendre la main à ceux-ci, de les protéger efficacement, et de les soutenir afin qu'ils nous soutiennent.

Tels sont les avis que je puis donner aux fidèles qui ont pris la résolution de se vouer à une vie chrétienne. Je termine ici le récit de mes premiers efforts et des erreurs de mes premières années; récit qui m'a coûté bien des peines, et que je désire être utile. Mon dessein a été constamment de dire la vérité, et d'engager mes lecteurs à aimer Dieu. Puisse-t-il m'entretenir dans la volonté de le servir en toutes choses, et me continuer les grâces dont il a daigné me combler! Ainsi soit-il.

Ce livre fut achevé au mois de juin 1562, et pour en garantir l'authenticité j'y appose ma signature.

TERESA DE JESUS.

Cinquante centimes la livraison.

L. CURMER,
49, RUE DE RICHELIEU, AU PREMIER,
et chez tous les libraires de France et de l'étranger.

Conditions de la souscription.

L'ouvrage paraîtra par livraisons à CINQUANTE CENTIMES, composées de trois ou de deux feuilles de texte; les livraisons contenant des gravures paraîtront doubles, et contiendront, soit une gravure sur acier et deux feuilles de texte, soit une gravure, carte géographique ou titre et deux feuilles de texte.

La première livraison paraîtra le mercredi 16 mars 1842, les autres paraîtront successivement chaque semaine; l'ouvrage sera complet en novembre, et se composera de quatre-vingts livraisons.

On souscrit à *Paris*, chez L. CURMER, 49, rue de Richelieu, au premier,
et chez tous les libraires de France et de l'étranger.

AVIS.

Cette nouvelle édition des SAINTS ÉVANGILES se recommande par les soins que nous avons mis à l'embellir encore. On nous avait reproché l'uniformité des bordures; nous les avons, dans cette édition, variées à chaque page. Le texte est plus gros, et nous avons ajouté beaucoup d'ornements, de fleurons, qui feront un livre nouveau. Nos abonnés retrouveront toute la sollicitude que nous avons apportée dans nos précédentes publications.

Nous engageons Messieurs les Souscripteurs à conserver ces couvertures qui formeront un corps d'ouvrage en réunissant toutes les pages qui contiendront la vie de sainte Thérèse.

Imp. SCHNEIDER et LANGRAND, rue d'Erfurth, 1.

www.ingramcontent.com/pod-product-compliance
Lightning Source LLC
LaVergne TN
LVHW021701080426
835510LV00011B/1511